Eduard Sievers

Abriss der angelsächsischen Grammatik

Eduard Sievers

Abriss der angelsächsischen Grammatik

ISBN/EAN: 9783742876935

Manufactured in Europe, USA, Canada, Australia, Japa

Cover: Foto ©Thomas Meinert / pixelio.de

Manufactured and distributed by brebook publishing software
(www.brebook.com)

Eduard Sievers

Abriss der angelsächsischen Grammatik

SAMMLUNG KURZER GRAMMATIKEN
GERMANISCHER DIALEKTE
HERAUSGEGEBEN VON W. BRAUNE.

C. ABRISSE. Nr. 2.

ABRISS

DER

ANGELSÄCHSISCHEN GRAMMATIK

von

EDUARD SIEVERS.

HALLE A. S.
MAX NIEMEYER.
1895.

Preis: 1 Mark 50 Pf.

Verlag von Max Niemeyer in Halle a. S.

Althochdeutsches Lesebuch.

Zusammengestellt und mit Glossar versehen
von
Wilhelm Braune.

Dritte Auflage. 1888. ℳ 4,00.

Altenglisches Lesebuch.

Zum Gebrauche bei Vorlesungen und zum Selbstunterricht
von
R. P. Wülker.

2 Bände. 1874—80. ℳ 12,50.

Angelsächsisches Lesebuch.

Zusammengestellt und mit Glossar versehen
von
Friedrich Kluge.

1888. ℳ 4,40.

Principien der Sprachgeschichte

von
Hermann Paul.

Zweite Auflage. 1886. ℳ 9,00.

Grundriss der englischen Philologie

von
Prof. Dr. Karl Elze.

Zweite Auflage. 1888. gr. 8. ℳ 8,00.

In Vorbereitung befindet sich:

Neuenglisches Lesebuch

von
Ewald Flügel.

ABRISS

DER

ANGELSÄCHSISCHEN GRAMMATIK

VON

EDUARD SIEVERS.

HALLE a. S.

MAX NIEMEYER.

1895.

Vorwort.

Da die neubearbeitung meiner grösseren angelsächsischen grammatik voraussichtlich noch längere zeit in anspruch nehmen wird, habe ich mich auf vielfach geäusserte wünsche hin entschlossen, einstweilen einen auszug zu veröffentlichen. Dass dies bereits jetzt geschehen konnte, verdanke ich ausgiebigster freundeshülfe, die mir sowol in bezug auf die auswahl des stoffes wie auf die redaction zur seite gestanden hat.

Der nun vorliegende abriss ist im engsten anschluss an W. Braune's Abriss der althochdeutschen grammatik gearbeitet. Seine bestimmung ist einerseits, als grundlage für vorlesungen über ags. grammatik zu dienen: hierzu erschien es zweckmässig, den ags. paradigmen die entsprechenden altsächsischen zur seite zu stellen. Andererseits will er das notwendigste material bieten, das auch dem anfänger für die lectüre westsächsischer texte einschliesslich der poetischen denkmäler, unentbehrlich ist. Nur in diesem sinne ist es zu verstehen, wenn darin widerholt von 'ags.' schlechtweg oder von 'gemeinags.' die rede ist. Auf streng wissenschaftliche formulierung der einzelnen regeln musste bei dem knapp zugemessenen raume selbstverständlich öfter verzichtet werden.

Leipzig-Gohlis, 22. märz 1895.

E. Sievers.

Lautlehre.

I. Abschnitt. Vocale.

A. Die vocale der stammsilben.

§ 1. Diejenigen stammsilbenvocale, welche als normalags. gelten können, sind:

a) kurze vocale:

ă: = germ. *a* § 8, 1 und § 8 a. 1. 6.

æ̆: 1) = germ. *a* § 8, 1 und anm. 5; — 2) bisweilen = umlauts-*e* § 8 a. 5.

ė: 1) = germ. *ë* § 9, 1; — 2) = *i*-umlaut von germ. *a* (ags. *œ* und *o, a* vor nasal § 8, 1; — 3) = *i*-umlaut von *o* (älter und dialektisch *œ*) § 10; — 4) = palatalumlaut von ags. *ea* § 8 a. 10; — 5) bisweilen = *i*-umlaut von *ea* § 8 a. 9.

ĭ: 1) = germ. *i* (bez. *ë*) § 9, 1; — 2) wechselnd mit dem gemeinags. unfesten *y* (aus altwests. *ie*) § 8, 2; § 9, 2 a. d; — 3) später in einigen fällen für festes *y*, § 10 a. 4.

ŏ: 1) = germ. *u* § 10; — 2) mit *a* wechselnd = germ. *a* vor nasalen § 8, 1; vgl. § 8 a. 2; — 3) *o* vereinzelt = *eo* nach *w* § 9 a. 4.

ŭ: 1) = germ. *u* § 10 und anm. 1; — 2) = ags. *eo* (*io*) nach *w* § 9 a. 4.

ÿ: 1) festes *y* = *i*-umlaut von *u* § 10; — 2) unfestes *y* mit *i* wechselnd (aus altwests. *ie*) = *i*-umlaut von *ea, eo* § 8, 2; § 9, 2 a. d.

b) lange vocale:

ā: 1) = germ. *ai* § 16; — 2) seltner = germ. *ǣ* § 11 u. anm. 1.

ǣ: 1) = germ. *ǣ* § 11; — 2) = *i*-umlaut von germ. *ai*, ags. *ā* § 16.

é: 1) = germ. *ê* § 12; — 2) = *i*-umlaut von ags. *ó* (älter und dialektisch *œ*) § 14; § 8 a. 3; § 11 c. d.

í: 1) = germ. *î* § 13; — 2) = germ. *in* vor spiranten § 9 a. 2; — 3) wechselnd mit gemeinags. unfestem *ý* (im altwests. *ie*) § 17; § 18.

ó: 1) = germ. *ô* § 14; — 2) = germ. *œ* vor nasalen § 11c; — 3) = germ. nasaliertem *â* § 11d; — 4) = germ. *an* vor spiranten § 8 a. 3.

ú: 1) = germ. *û* § 15; — 2) = germ. *un* vor spiranten § 10 a. 2.

ý: 1) festes *ý* = *i*-umlaut von *ú* § 15; — 2) unfestes *ý*, mit *í* wechselnd (aus altws. *ie*) = *i*-umlaut von ags. *éa* und *éo* § 17; § 18.

c) kurze diphthonge:

ea: = germ. *a* in bestimmten stellungen: § 8, 2.

eo (io): 1) = germ. *ë, i* in bestimmten stellungen: § 9, 2; — 2) = germ. *u* nach *j* § 10 a. 3.

d) lange diphthonge:

éa: 1) = germ. *au* § 17; — 2) durch contraction aus germ. *a* § 8, 2d und germ. *œ* § 11 a. 3; — 3) = germ. *œ* nach palatalen § 11 a. 2.

éo (ío): 1) = germ. *eu* § 18; — 2) durch contraction aus germ. *ë, i* § 9, 2c, und germ. *i* § 13 a. 1; — 3) = germ. *œ* in *zéomor* § 11 a. 2.

Anm. 1. Für *œ* schreiben alte hss. auch *ae* oder *ę*.

Anm. 2. Die länge der vocale und diphthonge wird in den hss. meist gar nicht bezeichnet, jedoch ist die längenbezeichnung durch acut ziemlich verbreitet. Nur in den ältesten hss. findet sich bisweilen doppelschreibung der langen vocale (z. b. *huus*).

Anm. 3. In diesem buche sind durch acut als lang bezeichnet alle vocale, deren länge durch die etymologie gestützt wird (germ. lange vocale und ersatzdehnungen, bez. contractionen). Ebenso sind als lang bezeichnet die dehnungen auslautender kurzer vocale (z. b. *nú* nun, *hwá* wer, *hé* er). — Doch ist durch einzelne accente der hss. die annahme gerechtfertigt, dass auch sonst im ags. dehnungen ursprünglich kurzer vocale eingetreten sind, so z. b. vor nasal oder liquida + cons., *hónd* (statt *hond, hand*), *wórd* (statt *word*); besonders wo *a* vor *l* statt *ea* steht (§ 8 a. 6): *ald, wallan*. Diese z. t. nach zeit und ort schwankenden dehnungen sind in diesem buche nicht bezeichnet. (Vgl. ags. gramm. § 120 ff.)

Geschichtliche entwicklung der ags. stammsilbenvocale.

§ 2. Die urgermanischen vocale sind a) kürzen: *a, ë, i, u;* b) längen: *â, ê, î, ô, û;* c) diphthonge: *ai, au, eu.*
Bevor die entwicklung der einzelnen vocale im ags. dargestellt wird, sollen in den folgenden §§ einige erscheinungen zusammengefasst werden, die sich auf mehrere vocale erstrecken.

§ 3. Durch ein ursprünglich der tonsilbe folgendes *i* oder *j* wird der stammvocal palatalisiert: *i*-umlaut. Der *i*-umlaut ist in der vorliterarischen zeit eingetreten, im überlieferten ags. sind die ihn bewirkenden *i* oder *j* meist schon zu *e* geworden oder geschwunden, so dass nur durch vergleichung des alts., gotischen etc. die ursachen des umlauts festzustellen sind.

Der *i*-umlaut ist im ags. sehr verbreitet. Er betrifft folgende vocale: ags. *æ* und *o, a* vor nasal (= germ. *a*) > *e*, § 8,1 und anm. 5; ags. *â* (= germ. *ai* und germ. *æ̂*) > *æ̂*, s. § 16 und § 11 b; — ags. *o* über *œ* > *e*, s. § 10; ags. *ô* über *œ̂* > *ê*, s. 8 a.3, § 11 c. d., § 14; — ags. *u* > *y*, s. § 10 und anm. 4; ags. *û* > *ŷ*, s. § 15; — ags. *ea* und *eo* über altwests. *ie* > *y* (*i*), s. § 8,2 und anm. 9, § 9,2 und anm. 5; ags. *éa* und *éo* über altwests. *íe* > *ŷ* (*i*), s. § 17, § 18.

Anm. 1. Als *i*-umlaut bezeichnet man gewöhnlich nicht den weit älteren übergang des germ. *ë* > *i*, s. § 9,1.

§ 4. **Brechung** nennt man die diphthongierung des kurzen *a* > *ea* und des kurzen *ë, i* > *eo* (*io*), welche durch unmittelbar folgendes *r, l, h* + consonant, sowie durch einfaches *h* bewirkt wird. Die brechung wirkt nicht gleichmässig: am meisten durchgeführt ist sie vor *r* und *h*, weniger vor *l*, s. § 8,2 a und § 9,2 a. Die brechungsdiphthonge *ea, eo* werden verändert durch *i*-umlaut (§ 3) und durch palatalumlaut (§ 5).

§ 5. a) Durch folgenden gutturalen und palatalen consonanten (§ 39) werden diphthonge vereinfacht oder sonst verändert: palatalumlaut. Es wird dadurch *ea* > *e* (north. *æ*), s. § 8 a.10; *éa* > *ê*, s. § 17 a.2, und *eo* (über altwests. *ie*) > *i, y*, s. § 9,2 a, vgl. § 9 a.5.

b) Aber auch vorhergehende palatale consonanten wirken auf den vocalismus. Insbesondere entsteht *ēa* statt *æ* aus germ. *a*, s. § 8,2 b, vgl. § 8 a.7; ebenso *éa* aus germ. *æ̂*, s. § 11 a. 2. Ferner wird germ. *ë* (über altws. *ie*) > *i* (*y*), s. § 9, 2 d. Weniger

verbreitet sind die diphthongierungen *ǐǐ, o̯* > *eo*, § 10 a. 3 und
éo aus *ó*, s. § 11 a. 2. — Umgekehrt werden nach palatalen in
beschränktem umfange diphthonge vereinfacht: *ea* > *e* und *éa*
> *é*, s. § 8 a. 10 und § 17 a. 2.　Vgl. auch § 9 a. 5.

§ 6.　Als *u*-umlaut bezeichnen wir die diphthongierung
des germ. *a* > *ea* und des germ. *ë, i* > *eo* (*io*), welche erfolgt,
wenn auf diese laute ein altes *u* oder *o* folgt bei zwischen-
stehender einfacher consonanz: s. § 8, 2 ͨ und anm. 8; § 9, 2 ᵇ
und anm. 6.　Der *u*-umlaut ist in der ags. schriftsprache wenig
entwickelt, mehr in den dialekten.

§ 7.　Contraction.　Ziemlich oft ist im ags. ein stamm-
vocal mit dem nebensilbenvocal nach ausfall des zwischen-
stehenden consonanten (meist *h*, seltener *w, j*) contrahiert.　In
der regel absorbiert der stammvocal den nebenvocal, z. b. *téon*
(aus *téohan*) ziehen, *fón* (aus *fóhan*) fangen, *tá* (aus *táhe*)
zehe. — Dagegen entstehen lange diphthonge, wenn germ. *a,
æ, ë, i, i* mit einem *a, o, u* der nebensilbe contrahiert werden.
Und zwar *a* > *éa*, s. § 8, 2 ͩ, *æ* > *éa*, s. § 11 a. 3, *ë* (*i*) > *éo*, s.
§ 9, 2 ͨ und *i* > *éo* s. § 13 a. 1.

a) Kurze vocale.

§ 8.　Germ. *ă* (got. *a*) ist im ags. in zweifacher weise ent-
wickelt.

1) In der mehrzahl der fälle ist es einfacher vocal ge-
blieben, und zwar entweder *æ*, oder *a*, oder ein mit *o* wechseln-
des *a*. Der *i*-umlaut aller dieser laute ist *e*. — a) in ge-
schlossener silbe steht regelmässig *æ*, z. b. *dæȝ* tag, *sæt* sass,
hæft gefangen, umgelautet *settan* (got. *satjan*) setzen, *tellan*
(got. *taljan*) zählen, *bed* (ahd. *betti*) bett. — b) Dagegen ist in
offener silbe *a* vor folgendem *a, o, u* erhalten, z. b. *daȝa,
aaȝum* (g. d. pl. zu *dæȝ*), *nacod* nackt; ebenso vor dem aus *o*
entstandenen *i* der sw. v. II, z. b. *macian* (alts. *macon, macoian*)
machen.　Vor folgendem *e* steht meist *æ*, z. b. *æcer* acker, *mæȝen*
kraft, *æðele* edel, *dæȝes, dæȝe* (g. d. sg. zu *dæȝ*), aber bei ad-
jectiven *hwates, hwate* (g. i. sg. zu *hwæt* scharf); auch sonst ist
vor *e* vielfach schwanken zu bemerken, z. b. im part. pt. der st.
v. VI (§ 94): *ȝrafen* und *ȝræfen*. Vor früher folgendem *i* (*j*) steht
durch umlaut *e*, z. b. *sele* (alts. *seli*) saal, *mete* (alts. *meti*, got.
mats) speise. — c) Vor nasalen steht in älterer zeit meist *o*

mit *a* abwechselnd, in späterer zeit wird dafür die schreibung
a herschend: der laut war wol ein offnes *o.* Z. b. *noma* und
nama name; *mon* und *man,* pl. (*i*-umlaut) *men*; *stronʒ* und *stranʒ*
stark, compar. *strenʒra*; *ʒonʒan* und *ʒonʒan,* dazu *ʒenʒe* (aus
*ʒanʒi) gangbar, gäng; *sond* und *sand* bote, *sendan* (got. *sand-
jan*) senden.

Anm. 1. In geschlossener silbe steht meist *a* vor geminaten und *sc*
in mehrsilbigen formen, z. b. *habban* haben (§ 103), *crabba* krabbe, *wascan*
waschen; ferner durch angleichung im imperat. der st. v. VI, z. b. *far* (nach
praes. *faran*).

Anm. 2. In einigen minderbetonten wörtern ist *a* zu festem (ge-
schlossenem) *o* geworden: adv. *þonne, hwonne*; praep. *of, on*; pronominal-
formen wie acc. sg. *þone* (§ 82), *hwone* (§ 84).

Anm. 3. Bei ausfall des nasals vor spiranten (§ 30) ist das *o* (*a*)
zu langem *ó* geworden, mit *i*-umlaut *é,* z. b. *óðer* (got. *anþar*), *ʒós* gans,
pl. *ʒés.*

Anm. 4. Besonders im kent. dialekt steht *e* für *œ* (*deʒ, set* etc.).

Anm. 5. Statt des umlauts-*e* steht bisweilen *œ,* besonders häufig vor
ft, st (z. b. *hœftan* heften, *fœstan* befestigen), und in gewissen dreisilbigen
formen, wie *œðele* edel, *ʒœðelinʒ* verwanter; so auch hie und da vor
nasalen (z. b. *mœn, sœndan*), stets in *œrnan* sprengen (got. *rannjan*), *bœr-
nan* brennen (causat.).

2) In bestimmten fällen ist *a* im ags. zum diphthong *ea*
geworden; der *i*-umlaut dieses *ea* ist in der ältesten zeit *ie,*
später *i* und *y,* letzteres ist die gemeinags. form. Die diph-
thongierung tritt ein: a) als sog. brechung vor *r, l, h* + conso-
nant und vor auslautendem *h,* z. b. *earm* arm, dazu *iermðu,*
gemeinags. *yrmðu* (ahd. *armida*) elend; *eald* alt, compar. *ieldra,
ildra, yldra* (alts. *aldiro*), *weallan* wallen, dazu *wylm* (*i*-st.)
wallung; *eahta* 8, *weaxan* wachsen, *meaht* macht und *neaht*
nacht, mit danebenstehenden umgelauteten *miht, niht*; *hliehhan,
hlihhan, hlyhhan* (§ 94 a. 5, got. *hlahjan*) lachen; praet. *scah*
(alts. *sah*) zu *séon* sehen. —b) *ea* entsteht aus *a* durch vor-
ausgehenden palatal, z. b. *ʒeaf* (got. *gaf*) gab, *ceaf* (mhd. *kaf*)
spreu, *sceatt* (got. *skatts*) geld; mit *i*-umlaut *ʒiest, ʒist, ʒyst*
(stamm **gasti-*) gast, *scieppan, scyppan* (§ 94 a. 5, got. *skapjan*)
schaffen. — γ) *ea* entsteht bisweilen durch folgendes *u* (*o*), als
u-umlaut, in *ealu* bier, vgl. anm. 8. — δ) langes *éa* entsteht
durch contraction eines *a* mit einem vocal der folgenden silbe,
z. b. *sléan* (got. *slahan*) schlagen, *éa* (got. *ahva*) fluss, *cléa* aus
*clawu klaue (neben neugebildetem *clawu*).

Anm. 6. Vor *l*-verbindungen erscheint neben *ea* auch häufig $\bar{a}$, z. b. *ald, wallan*; in den anglischen dialekten (vgl. § 1 a. 3) ist dies regel. Im north. steht auch vor *r*-verbindungen oft *a* statt *ea*, also north. *arm* und *earm*.

Anm. 7. Das *ea* nach palatalen steht nur da, wo sonst *æ* zu erwarten wäre, also in geschlossenen silben, während in offenen silben und vor nasalen *a* (*o*) bleibt, z. b. *ʒalan* singen, *ʒanʒan, ʒonʒan* gehen; doch steht auch da nach *sc* oft *ea*, z. b. *sceacan* und *scacan* schütteln, *sceamu* (*sceomu*) und *scamu,* (*scomu*) scham.

Anm. 8. *ea* vor *u* ist in wests. prosa selten: dort herschen abgesehen von *ealu* nur formen wie *caru* sorge, *afora* nachkomme. Häufiger ist der *u*-umlaut (*cearu, eafora*) in den poet. texten. Am stärksten ist er in den anglischen dialekten ausgebildet.

Anm. 9. Als *i*-umlaut des *ea* erscheint in manchen texten auch *e* statt *ie, i, y*, z. b. *eldra, welm, ʒest, sceppan*. In den dialekten ist *e* die regel, nur in den anglischen dialekten (und so gelegentlich in der poesie) erscheint vor *l*-verbindungen *æ* (*ẻ*) als umlaut des dort ungebrochenen *a* (*ä*, vgl. § 1 a. 3), z. b. north. *äld*, comp. *ældra*.

Anm. 10. Im angl. wird *ea* durch folgenden guttural zu *æ* (sog. palatalumlaut), z. b. *æhta, wæxan, sæh*; im spätwests. erscheint palatalumlaut *zu e: ehta, wexan, seh*. Spätwests. ist *e* statt *ea* auch nach palatalen häufig eingetreten, z. b. *ʒef, celf* für *ʒeaf, cealf*.

§ 9. Germ. *ẻ* (*ë*) und *i* (got. zusammengefallen in *i* bez. *ai*) zeigen im ags. eine zweifache entwicklung:

1) In vielen fällen sind germ. *ë* und germ. *i* im ags. geblieben; nur ist *ẻ* vor nasalverbindungen und vor einem *i, j* der folgenden silbe in *i* übergegangen und so mit dem alten *i* zusammengefallen. Dieser übergang ist allen germ. sprachen gemeinsam, im ags. und alts. ist aber auch vor einfachem *m* das *ë* zu *i* geworden. Beispiele des *ë*: *wëder* wetter, *pëʒn* diener, praesensformen (st. v. III, IV. V § 91—93) wie *hëlpan, sprëcan, cwëðan*; — altes *i: witan* wissen, *bitt* der biss, und in den st. v. I (§ 89), z. b. pl. praet. *bitun*, part. pt. *biten*; — neues *i: blind, hrinʒ* ring, praesensformen st. v. IIIᵃ (§ 91) *bindan, swimman*, und vor einfachem *m: niman* (ahd. *nëman*) nehmen; *biddan* (alts. *biddian*) bitten (§ 93), *sibb* (got. *sibja*) sippe.

Anm. 1. Infolge der einwirkung des *i, j* auf vorhergehendes *ë* ergiebt sich in vielen wortstämmen ein wechsel zwischen *ë* und *i*, z. b. bei den st. v. III—V durch die endung der 2. 3. sg. praes. (früher: *-is, -ið*): *hëlpan*, 1. sg. *hëlpe*, aber *hilp(e)st, hilp(e)ð*; *cwëðan* reden, aber *cwide* (alts. *quidi*) rede; zu *biddan* part. pt. *bëden* (alts. *biddian*, aber *gibëdan*).

Anm. 2. Bei ausfall des nasals vor spiranten (§ 30) wird *i* zu *i*, z. b. *fif* (got. *fimf*) 5, *sið* (got. *sinþs*) weg.

2) In bestimmten fällen sind *ë* und *i* im ags. diphthongiert

zu *eo* und *io*. Doch ist die scheidung der *eo* und *io* nach
ihrer herkunft aus *ë* oder *i* schon in der ältesten zeit im südengl.
nicht mehr ganz sauber; später tritt immer mehr *eo* für beide
ein und ist als gemeinags. zu bezeichnen. Der *i*-umlaut dieses
eo (*io*) ist altwests. *ie*, welches mit dem *i*-umlaut von *ea* (§ 8, 2)
zusammenfällt und später in *i*, gemeinags. *y* übergeht. Die
diphthongierung des *ë*, *i* tritt ein: a) als sog. brechung vor
r + cons., vor *lc*, *lh* und vor *h* + cons. und einfachem *h*. Doch
ist vor dem (palatalen) *h* das *eo* (*io*) meist durch palatalumlaut
zu altw. *ie*, gemeinags. *i* (seltner *y*) geworden. Z. b. *heorte* herz;
weorpan werfen, dazu mit umlaut 3. sg. *wierpð*, *wyrpð*; *hierde*,
hyrde (alts. *hirdi*) hirt; — *meolcan* melken, *feorh* (alts. *fërah*)
leben; — *feohtan* fechten, *feoh* vieh; aber statt *reoht* recht,
seox sechs etc. regelmässig (*rieht*), *ryht*, *riht*; *siex*, *six*, *syx* etc.
— b) Durch *u*- und *o*-umlaut wird *e*, *i* zu *eo* (*io*): z. b. *eo-*
for (ahd. *ëbur*) eber, *mioluc*, später *meolc* milch, dial. *frioðu*
friede, in sw. v. II *hlionian*, *hleonian* (alts. *hlinon*) lehnen, *tio-*
lian, *teolian* (alts. *tilon*) zielen. — c) Durch contraction der
ë (*i*) mit folgendem *a*, *o*, *u* entsteht langes *ío* (*io*), z. b. *séon*
(alts. *sëhan*) sehen, *tuéo* (alts. *twëho*) zweifel. — d) Zu *ie* ist
ë diphthongiert im altwests. durch vorhergehende palatale,
z. b. *giefan* geben, *gieldan* (alts. *gëldan*) bezahlen, *gielp* prahlerei.
Dieses *ie* ist aber gemeinags. zu *i*, *y* geworden, also *gifan* (*gifu*
gabe), *gyldan*, *gildan*, *gilp*.

Anm. 3. Die gruppe *wio* (*weo*) wird gewöhnlich zu *wu*, also urspr.
wiodu holz (ahd. *witu*) zu *wudu*; urspr. *wiocu* woche zu *wucu*, daneben
auch dial. *widu*, *wicu*; altes *weo* aus *wë* wird nur spättags. zu *wu*: *sweostor*
— *swustor* schwester, *weorðan* — *wurðan* werden; zu *weo* wird *weo* regel-
mässig in *worold* (welt) aus *weorold*, vereinzelt in andern fällen: im north.
ist *weo* aus *weo* vorherschend (north. *worpa*, *sword* statt *weorpan*, *sweord*).

Anm. 4. In einigen angl. dialekten ist das *eo* (*io*) ohne *i*-umlaut
(z. b. *weorpan* werfen, wie *heorde* hirt); doch setzt das north. für *eo* meist
ea, für den umlaut meist *io* (*hiorde*). Vor gutturalen ist altes *eo* durch
sog. palatalumlaut in den anglischen mundarten zu *e*, altes *io* zu *i* geworden,
z. b. north. *reht*, *sex*; *rihta* richten. Auch nach palatalen steht in den
dialekten *ë* statt wests. *ie*, *i*, *y* (also *gëldan*, *gëlp*); im wests. ist dies nur
vereinzelt der fall.

Anm. 5. Der *u*- und *o*-umlaut ist am häufigsten in den dialekten,
besonders den anglischen; er kommt daselbst auch in der flexion vor. In
wests. prosa findet sich dieser umlaut meist nur vor *r*, *l* und labialen: *heorot*
hirsch, *meoluc* milch, *heofon* himmel, selten vor gutturalen (*reoʒol*, *sioʒor*
neben *rëʒol*, *siʒor*); er fehlt fast ganz vor dentalen (*ëdor* etter, *mëdu* met)

und in der flexion (z. b. *spĕre* speer, pl. *spĕru*; *ʒesĕt* wohnung, pl. *ʒesĕtu*).
Die poetischen denkmäler haben ihn etwas stärker, z. b. *eodor, meodu,
ʒeseotu.*

§ 10. Germ. ŭ

(got. *u, aú*) ist in allen germ. sprachen
ausser dem gotischen in *o* und *u* gespalten: zu *o* ist *u* ge-
worden, wenn in der folgenden silbe ein *a, e, o* stand, ausser
wenn eine nasalverbindung oder (im ags. und alts.) ein einfacher
nasal dazwischenstand. Im übrigen ist *u* geblieben, also ins-
besondere wenn *i* (*j*) oder *u* darauf folgten. Der *i*-umlaut des
u ist *y*; der *i*-umlaut des *o* ist *e* (aus *œ*, so z. b. noch north.),
soweit er secundär eingetreten ist (statt des eigentlich zu er-
wartenden *y*). Beispiele: st. v. II (§ 90) pl. praet. *budon*
(alts. *budun*), part. pt. *boden* (alts *gibodan*), dazu *boda* bote;
in st. v. III (§ 91) pl. pt. *bundon, hulpon,* aber part. pt. *bunden,
holpen; sunu* sohn, *burʒ* stadt; *ʒuma* (ahd. *gomo*) mann, *þunor*
donner (ahd. *donar*). Umlaute: *ʒod,* aber *ʒyden* göttin (ahd. *got
— gutin*); *hold,* aber *hyldo* huld (alts. *hold — huldi*); *dohtor* tochter,
d. sg. *dehter*, north. *dœhter* (aus *dohtri,* statt älterem *duhtri*).

Anm. 1. In einigen wörtern ist ags. und alts. *u* geblieben, wo man
o erwarten sollte; meist neben *l*abialen, z. b. *wulf* wolf, *full* voll, *fuʒol*
vogel, *lufian* lieben, *murnan* trauern, *bucca* bock, *wulle* wolle.

Anm. 2. Vor spiranten wird *un* zu *ú* (§ 30), z. b. *cúð* (kund), da-
zu ungelautet *cýðan* (alts. *kúðian*) künden.

Anm. 3. Nach *j* (*sc*) wird *u* meist diphthongiert zu *eo*, z. b. *ʒeonʒ*
jung, *ʒeoʒuð* jugend; doch daneben auch *iunʒ, ʒunʒ, ʒuʒuð*. Ebenso
steht *eo* statt *o* in *ʒeoc* joch.

Anm. 4. Statt des umlauts-*y* erscheint in der späteren sprache öfter
i, besonders nach *c* (z. b. *cininʒ* für *cyninʒ*) und vor palatalen (z. b. *hiʒe*
für *hyʒe, þincean* für *þyncean*).

b) Lange vocale.

§ 11. Germ. ǽ

(got. *é*), welches im ahd. alts. zu *á* ge-
worden ist, erscheint im ags. in dreifacher gestalt: *a)* Regel-
mässig ist es ags. *ǽ*, z. b. *slǽpan* (got. *slépan*) schlafen, *rǽdan*
raten, im pl. pt. der st. v. IV—V (§ 92. 93), *bǽron, sǽton. — b)* Vor
folgendem *w* ist es *á*, wird hier aber durch *i*-umlaut zu *ǽ*;
z. b. *sáwon* pl. pt. zu *séon* sehen (alts. *sáwun*), *lǽwan* (got.
léwjan verraten). — *c)* Vor nasalen ist es *ó*, welches mit germ.
ô (§ 14) zusammenfällt und wie dieses durch *i*-umlaut über *œ́*
zu *é* wird; z. b. *móna* (got. *ména*) mond, *nómon* (got. *némun*)
sie nahmen; ungelautet *wén*, north. *wǽn* (aus *wôni*-, got. *wéns*)

hoffnung, *cwén*, north. *cwǽn* (got. *qêns*) frau. — d) Zu diesem
ó ist auch das germ. nasalierte *á* vor *h* (aus -*anh*-) geworden,
z. b. *bróhte* (got. *bráhta*) brachte, *fón* (got. *fáhan*) fangen, *óht*
(ahd. *áhta*) verfolgung, dazu *éhtan* (alts. *áhtian*) verfolgen. Vgl.
auch *ó* aus *an* vor spiranten § 8 a. 3.

Anm. 1. In einzelnen wörtern erscheint *á* neben *ǽ*, z. b. *swár* schwer,
lácnian heilen, vor *χ* in praet. wie *láχon* (sie lagen) u. a.

Anm. 2. Zu *éa* ist *ǽ* geworden nach palatalen, z. b. *χéafon* (sie gaben),
scéap schaf; ausserdem in *néah* (got. *nêhv*) nahe. — *éo* statt *ó* erscheint
nach *χ* für germ. *ǽ* in *χéomor* (ahd. *jâmar*) jammer.

Anm. 3. Zu *éa* wird germ. *ǽ* auch bei contraction mit einem *a*, *o*,
u der nebensilbe, *néar* (aus *nǽhor*) näher.

Anm. 4. Obwol *ǽ* durch *i*-umlaut sonst nicht verändert wird (z. b.
lǽce, ahd. *láhhi* arzt), ist doch *é* eingetreten in *méce* (alts. *máki*) schwert.

§ 12. Germ. *ê* (got. alts. *ê*, ahd. *ia*) ist ags. geblieben, z. b.
hér (got. *hêr*) hier, *cén* (ahd. *kian*) kien, dazu die red. praett.
wie *hét*, *slép* (§ 96).

§ 13. Germ. *î* (got. alts. ahd. *î*) ist im ags. geblieben,
z. b. *mín* mein, *ríce* reich, *wíf* weib; praes. st. v. I (§ 89) *χrípan*.

Anm. 1. Durch contraction des *î* mit folgendem *a*, *o*, *u* entsteht *éo*,
z. b. *þéon* (alts. *thíhan*) gedeihen, *léon* (alts. *líhan*) leihen.

Anm. 2. Für auslautendes *í* wird öfter *iχ* geschrieben, z. b. *biχ*,
siχ für *bí*, *sí*.

§ 14. Germ. *ô* (got. alts. *ô*, ahd. *uo*) ist im ags. geblieben;
sein *i*-umlaut ist *é* (selten und im angl. *ǽ*); z. b. *bóc* buch, pl.
béc (north. *bǽc*), *dóm* urteil und *déman* (north. *dǽma*, alts. *dô-
mian*) urteilen, *sécan* (north. *sǽca*, alts. *sôkian*) suchen, praet.
sóhte.

Anm. 1. Ebenso *ó* aus *an* (s. § 8 a. 3) und das aus germ. *ǽ* bez.
nasaliertem *á* entstandene *ó* (s. § 11).

§ 15. Germ. *û* (got. alts. ahd. *û*) ist im ags. geblieben, z. b.
hús haus, *lúcan* (got. *lúkan*) schliessen — 3. sg. *lýcð* (got. *lûkiþ*),
tún zaun, *ontýnan* öffnen, *brýd* (aus *brûdi*-) braut.

Anm. 1. Ebenso *ú—ý* aus *un* vor spirans: § 10 a. 2.

c) Diphthonge.

§ 16. Germ. *ai* (got. *ai*, alts. *ê*, ahd. *ei*, *é*) ist im ags. zu
á contrahiert, welches durch *i*-umlaut zu *ǽ* wird; z. b. *stán* stein,
stánen (ahd. *steinin*) steinern, *χást* geist, *sáwol* (got. *saiwala*)
seele, *hál* heil — *hǽlan* (alts. *hélian*) heilen, *án* ein — *ǽniχ* ullus,
praet. st. v. I (§ 89) *stáχ*.

Anm. 1. Vereinzelt sind *ó* (neben *á*) immer, nebst compositis (*ówiht*
etc.) aus got. *áiw* (ahd. *eo*). Ferner vielleicht *wéa* leid (ahd. *wêwo*).

gri auh. el

10 § 17—18. Diphthonge: Germ. *au, eu.* § 19. Vocale der nebensilben.

§ 17. Germ. au (got. *au*, alts. *ô*, ahd. *ou, ô*) ist im ags.
zu *éa* geworden; dessen *i*-umlaut ist altwests. *ie*, das dann zu
i und gemeinags. *ý* wird; z. b. *éac* auch, *béaȝ* (ahd. *boug*) ring,
béacen (ahd. *bouchan*) zeichen — *bícnan, býcnan* ein zeichen
machen, *héah* (got. *háuhs*) hoch — comp. *híerra, hírra, hýrra*
(got. *hauhiza*) höher (§ 71 a. 2), *híeran, híran, hýran* (got. *haus-*
jan) hören. praet. st. v. II (§ 90) *céas. (nézlte Porn. ecrozau nollen,*

A n m. 1. Zu *éa* ist auch das aus *aww* (§ 26 a. 4) entwickelte westg.
au geworden, z. b. *ȝléaw* (alts. *glau,* got. *glaggwus*) klug.

A n m. 2. Vor und nach gutturalen und palatalen zeigt sich spätags.
öfter *é* statt *éa: béȝ* ring, *bécen* zeichen; *cés* (praet. = *céas*). In den angl.
dialekten ist dieses *e* vor gutturalen regel; auch der *i*-umlaut von *éa* ist
dort (und kent.) *é,* z. b. *héran.*

§ 18. Germ. eu (got. *iu*, alts. ahd. *eo, iu*) ist im ags. zu
éo geworden, woneben in älterer zeit öfter, später seltener auch *(i north.*
ío erscheint. Der umlaut des *éo* ist *ie, í,* gemeinags. *ý*, also
mit dem umlaut von *éa* zusammenfallend. Beispiele: *séoc,*
síoc (got. *siuks*) krank, *léoht* licht — *líehtan, líhtan, lýhtan*
(got. *liuhtjan*) leuchten, praes. st. v. II (§ 90) *céosan* — 3. sg.
cíesð, cýsð (alts. *keosan, kiusid*); *béodan* — *býtst, být (bíctau)*

A n m. 1. Zu *éo* ist auch das aus germ. *euw* (§ 26 a. 4) entwickelte
westg. *eu* geworden, z. b. *tréow* (alts. *trewwa,* got. *triggwa*) treue — *ȝe-*
triewe, ȝetrýwe (alts. *gitriuwi*) getreu; aber stets *níwe* neu, *híw* gestalt.

A n m. 2. Im north. ist altes *eu* (alts. *eo, io*) meist zu *éa* geworden,
neben seltenerem *éo,* z. b. *déap (déop)* tief, *déar (déor)* tier; sein *i*-umlaut
ist *ío,* z. b. *díore* teuer. In anderen texten wird unterschiedslos *éo (ío)*
geschrieben, *déop, déor* wie *déore.*

Vor gutturalen ist das *éa* in den angl. dialekten zu *é,* das *io* zu *i*
geworden, z. b. north. *léht* licht, *léȝa (*= wests. *léoȝan)* lügen; *líhta*
(alts. *liuhtian*) leuchten.

Auch im wests. kommt öfter unumgelautetes *éo (ío)* neben *ý, (ie, í)*
vor, z. b. *ȝetréowe, léohtan.*

B. Die vocale der nebensilben.

§ 19. In den endungssilben kommen im ags. nur die
kurzen vocale *a, e, o, u* vor. Die germ. langen endungsvocale
sind im ags. also sämmtlich zu kurzen vocalen geworden, auch
hat der vocal *e* in den endungen auf kosten der übrigen vocale
schon sehr überhand genommen. Alle früheren *i* in den end-
ungen sind ags. zu *e* geworden, z. b. alts. *riki,* ags. *ríce,* conj.
pt. alts. *bundi,* pl. *bundin,* ags. *bunde* — *bunden.* Für *-u* tritt
in endungen häufig *-o* ein, z. b. n. sg. *ȝifu* und *ȝifo* (§ 49);
pl. pt. *bundon* (alts. *bundun*).

Anm. 1. Die ältesten ags. quellen zeigen noch das -i der endungen (z. b. *rici*), ebenso haben sie noch ein *œ* in gewissen endungen (z. b. *tunχœ* u. sg. § 58); für beide tritt aber bald *e* ein.

Anm. 2. Früheres auslautendes *u* und *i* ist ags. (und alts.) geschwunden nach langer stammsilbe, nach kurzer dagegen erhalten. Das geschwundene *i* hat aber im ags. noch umlaut hinterlassen. Daher z. b. der unterschied in der *i*-declination (§ 53 ff.) zwischen kurzsilbig *wine*, *hyχe* (alts. *wini*, *hugi*) und langsilbig *wyrm*, *χléd* (alts. *wurm*, *glôd*); in der *u*-decl. (§ 56) zwischen *sunu* und *flôd* (got. *sunus*, *flôdus*); in der *ô*-decl. (§ 49) zwischen u. sg. *χifu* und *ár*. Bei mehrsilbigen wörtern ist früheres *i* ebenfalls geschwunden, -*u* dagegen nur teilweise (s. flexionslehre § 45 a. 1, § 49ᵉ, § 67ᶜ).

§ 20. Als **mittelsilben** bezeichnen wir die zwischen stamm und endungen stehenden bildungssilben drei und mehrsilbiger wörter; sie können auch das ende des wortes bilden in den der eigentlichen endung entbehrenden formen, z. b. n. sg. *wërod*, g. *wërodes*).

a) Auch in den mittelsilben hat das ags. wahrscheinlich keine langen vocale mehr, es begegnen nur die kurzen. Und zwar *i* selten (in ableitungen wie -*iχ*, -*isc*, -*ing*, -*nis*), meist ist es zu *e* geworden, z. b. *micel*, *yfel* (got. *mikils*, *ubils*); nur in den sw. v. II (§ 102) ist *i* aus *ô* neu entstanden (*macian* zu alts. *macoian*). Auch *u* ist in mittelsilben schon oft zu *o* geworden, z. b. *cofor* (ahd. *ëbur*) eber, *hafoc* (seltner *hafuc*, ahd. *habuh*) habicht.

b) In drei- und mehrsilbigen wörtern sind alte mittelvocale im ags. vielfach synkopiert worden. Es lässt sich die regel aufstellen, dass in dreisilbigen wörtern jeder ursprünglich kurze und nicht durch position geschützte mittelvocal synkopiert wird nach langer stammsilbe, dagegen nicht nach kurzer stammsilbe. Bei viersilbigen wörtern wird ohne rücksicht auf die stammsilbe der zweite mittelvocal synkopiert, falls er kurz und nicht durch position geschützt ist. Z. b. g. sg. *déofles*, *enχles*, *ôdres*, *héafdes*, aber *rodores*, *eotones*, *nacodes* zu n. sg. *déofol*, *enχel*, *ôðer*, *héafod*; *rodor*, *eoton*, *nacod*; viersilbige z. b. adjectivformen wie *háliχre*, *háliχne* (= alts. *hélaguro*, *hélagana*).

Anm. 1. Die synkopierungsregeln erleiden manche ausnahmen, so wenn *micel*, *yfel* bei kurzem stammvocal synkope zeigen (g. *micles*, *yfles*); oder wenn besonders später durch analogiewirkung bei langsilbigen der mittelvocal bisweilen widerhergestellt wird (z. b. *déofoles* nach n. sg. *déofol*). Umgekehrt tritt auch bei kurzsilbigen synkope ein; regelmässig ist dies in einzelnen casus der adjectivdeclination, z. b. *hwætre*, *hwætne* § 67.

Anm. 2. Im allgemeinen unsynkopiert bleiben mittelvocale, die

früher lang waren, z. b. sw. praet. *sealfode* (got. *salbôda*), ebenso die durch
position geschützten, z. b. superlative *yldesta*, *lenჳesta*, oder subst. wie
eornest, g. *eorncstes*. Doch finden sich auch in diesen fällen bisweilen aus-
stossungen, besonders später.

c) Ein neuer mittelvocal entsteht oft aus silbenbildenden
r, *l*, *n*, (*m*), wo diese im ausgang des wortes stehen. Der neue
vocal ist *e* oder *o*, und zwar steht meist *o* (*u*) nach gutturalem,
e nach palatalem stammvocal. Z. b. *finჳer* (g. *figgrs*), *fieჳer*
(got. *fagrs*), *hlútor* (got. *hlútrs*) lauter; *fuჳol* (got. *fugls*), *wǽpen*
(got. *wêpn*) waffe, *tácen*, seltner dial. *tácon* (got. *taikns*) zeichen,
máðum (got. *maiþms*) kleinod.

Anm. 3. Der vocal ist am regelmässigsten bei *r*, am seltensten bei
m, aber auch silbenbildendes *l* bleibt meist nach dentalen, *n* nach kurzer
silbe unverändert, z. b. *nǽdl* nadel, *sêtl* sitz, *hræfn* rabe, *þeჳn* held, *wæstm*
wachstum. Doch finden sich in allen diesen fällen daneben formen mit
neuem vocal. Umgekehrt finden sich bei *l*, *n* häufig formen ohne vocal
neben solchen die meist vocal haben, z. b. *tácn* neben *tácen*.

Anm. 4. Der neue mittelvocal dringt nach kurzer wurzelsilbe auch
ein, wenn das wort um eine endungssilbe wächst, besonders vor *r*, z. b.
fæჳeres, *wæteres* (zu *wæter* wasser); aber auch sonst, z. b. *fuჳolas* neben
häufigerem *fuჳlas*, *þeჳenas* neben *þeჳnas* zu *þeჳn*, *þeჳen*. Nach langer wurzel-
silbe tritt dies nicht ein, also stets *máðmes*, *tácnes* zu *máðum*, *tácen* (*tácn*).

§ 21. Die stammvocale der minderbetonten zweiten glieder
von compositis verfallen der abschwächung und werden zu
einfachen mittelvocalen, sobald die zusammensetzung nicht mehr
deutlich als solche gefühlt wird. Lange vocale und diphthonge
werden dabei verkürzt und verändern oft auch ihre vocal-
qualität, indem die im ags. beliebtesten mittelvocale *e*, *a*, *o*
sich dafür einstellen. So z. b. verkürzung des *i* in den composs.
mit -*lic*, also *mislic* und abschwächung zu *e* in dreisilbigen
formen, wie *misleca*, *mislecor*; neben *teoru* (teer) steht *scipteara*,
sciptura, *sciptera*; *hláford* (herr) aus **hláfweard*, *hordern* (schatz-
haus) zu *ærn* (haus).

Anm. 1. Viele schon in vorhistorischer zeit veränderte composita
sind im ags. ganz unkenntlich und machen den eindruck einfacher wörter.
Z. b. *oret* kampf (aus **or-hát*), *æfest*, *æfst* neid (aus **æf-ýst*), *áwer* irgendwo
(aus *á-hwǽr*), *freols* freiheit (aus **frí-hals*) etc.

II. Abschnitt. Consonanten.
A. Allgemeines.

§ 22. Als urgermanische consonanten nehmen wir an:
a) Sonorlaute: *w*, *j*; *r*, *l*; *m*, *n*.

b) Geräuschlaute:
1. Stimmlose (harte) verschlusslaute: *p, t, k.*
2. Stimmlose (harte) spiranten: *f, þ, s, χ.*
3. Stimmhafte (weiche) spiranten: *ƀ, ð, z, γ.*

Die gotischen consonanten stimmen hiermit im ganzen überein, nur entsprechen den weichen spiranten *ƀ, ð, γ* im got. die zeichen *b, d, g,* welche aber sowol weiche spiranten, als weiche verschlusslaute bezeichnen, letztere hauptsächlich im anlaut.

§ 23. In den westgerm. sprachen sind mit den germ. weichen spiranten folgende veränderungen vorgegangen: a) *z* (stimmhafter *s*-laut = got. *z*) ist inlautend zu *r* geworden, auslautend dagegen geschwunden, z. b. ags. *mâra,* alts. *mêro* (got. *maiza*), ags. alts. *hord* (got. *huzd*); ags. alts. *sunu* (germ. **sunuz,* got. *sunus*), ags. *wé,* alts. *wî* wir (germ. **wiz,* got. *weis*). — b) germ. *ð* ist westgerm. überall zum verschlusslaut *d* geworden, vgl. § 36. — c) germ. *ƀ* ist westgerm. im anlaut, nach *m* und bei gemination verschlusslaut *b* geworden, sonst aber in- und auslautend spirans (ags. *f,* alts. *ƀ, f*) geblieben, vgl. § 33. — d) germ. *γ* ist im wesentlichen sowol an- als inlautend weiche spirans geblieben (ags. *з,* alts. *g*) und ist nur in wenigen stellungen im ags. zum weichen verschlusslaut entwickelt, vgl. § 41.

§ 24. Grammatischer wechsel. Schon im urgerm. sind die inlautenden harten spiranten *f, þ, s, χ* nach bestimmten gesetzen vielfach erweicht worden zu den entsprechenden stimmhaften spiranten *ƀ, ð, z, γ,* welche mit den alten urgerm. weichen spiranten zusammenfielen und im westgerm. die in § 23 angegebenen veränderungen erlitten. Es entstand so in zusammengehörigen worten ein wechsel urgerm. *f—ƀ, þ—ð, s—z* und *χ—γ.* Dieser wechsel tritt auch im ags. noch vielfach in der wortbildung und in der flexion der starken verba hervor und wird 'grammatischer wechsel' genannt. Doch ist der wechsel *f—ƀ* im gemeinags. dadurch unkenntlich, dass statt *ƀ* immer *f* geschrieben wird, also die stufen germ. *f—ƀ* äusserlich zusammenfallen. Die drei übrigen wechselpaare sind: ags. *ð—d, s—r, h* (inlautend meist geschwunden, s. § 42 b) —*з.* Z. b. *cweðan, cwæð, cwædon, cwéden* sprechen § 93, *cwide* spruch; — *зlæs* glas, *зlæren* gläsern; *céosan, céas, curon, coren* wählen § 90, *cyre* wahl; — *téon* (aus **téohan*), *téah, tuзon, toзen* ziehen § 90, *tyht* zucht, *-toзa* dux (in *heretoзa, folctoзa*).

Anm. 1. Neben *h—ჯ* steht ein wechsel *h—w*, der auf germ. *w—yw* zurückgeht, indem *yw* schon urgerm. zu *w* geworden war, *hw* aber westgerm. zu einfachem *h* wurde, z. b. *séon* (alts. *sĕhan*, got. *saihran*), *seah*, *sáwon*, *ჯesewen* sehen § 93, *ჯesyhð* anblick, *ჯesýne* (alts. *gisiuni*) deutlich.

Anm. 2. Viele fälle des gramm. wechsels sind ags. schon durch ausgleichung beseitigt.

§ 25. Gemination. Neben den einfachen consonanten kommen im ags. auch sehr häufig geminationen vor. a) Dieselben sind z. t. urgermanisch, also in allen germ. sprachen vorhanden, z. b. *feallan, swimman, on-ჯinnan, bucca* bock, *sceat*, g. *sceattes* (got. *skatts*). — b) Eine grosse zahl von geminaten sind allgemein westgermanisch, indem nach kurzem vocal durch folgendes *j* alle einfachen consonanten (ausser *r*) geminiert wurden, z. b. ags. *willa*, alts. *willio* (got. *wilja*), *settan*, alts. *settian* (got. *satjan*), *scyppan*, alts. *skeppian* (got. *skapjan*), *sibb* alts. *sibbia* (got. *sibja*), *lecჯan*, alts. *leggian* (got. *lagjan*). — c) Vor folgendem *r* und *l* werden im ags. wie in den übrigen westgerm. sprachen einfache *t, c, p* verdoppelt. Doch kommen im ags. die einfachen consonanten daneben vor, z. b. *bittor* und *bitor*, alts. *bittar* (got. *baitrs*), *wæccer* und *wacor*, ahd. *wackar* (got. **wakrs*), *æppel*, alts. *appul* (altn. *epli*). — d) Im ags. entstehen neue geminaten durch zusammenrücken früher getrennter consonanten nach vocalausfall, z. b. in sw. praet. wie *bétte* zu got. *bótida*; bei composition, z. b. *atollic*; oder durch assimilation, z. b. spätags. *wimman* aus *wífman, hræm, hræmmes* aus *hræmn, hræfn.*

Anm. 1. Nach langem vocal wird ags. *t* und *d* vor *r* erst in späteren quellen verdoppelt; also *hlútor* und *hlúttor, átor* und *áttor, ǽdre* und *ǽddre*, vielleicht mit verkürzung des vocals als *hluttor, attor, æddre* anzusetzen.

Anm. 2. Vereinfachung der gemination tritt gewöhnlich ein im auslaut der wörter und silben, z. b. *bed, eal, calre, ealne*, doch wird auch oft *bedd, eall, eallre, eallne* geschrieben. Ferner häufig nach consonanten in der composition, z. b. *wildéor* aus *wild-déor, eorlic* aus *eorl-lic*; später auch oft nach unbetonter silbe, z. b. *atelic* statt *atollic*, in den sw. v. auf *-ettan* (*bliccetan* statt *bliccettan*), g. pl. *óðera* statt *óðerra.*

B. Die einzelnen consonanten.

1. Sonore consonanten.
a) Die halbvocale.

§ 26. Germ. w ist im ags. anlautend regelmässig erhalten, z. b. *wĕr* (got. *waír*) mann, *wrĕcan* (got. *wrikan*) verfolgen, wlítan (got. *wleitan) sehen; cwëðan (got. qiþan) sprechen, hwá (got. hvas) wer, þwćan (got. þwahan) waschen. Auch inlautend ist *w* meist erhalten, dagegen ist es im wort- und silbenauslaut nach langem vocal und diphthong vielfach geschwunden; nach consonanten wird es vocalisiert zu *u, o*, z. b. spíwan (speien), spáw und spá; sná und snáw, g. snáwes (schnee), þéo und þéow, g. þéowes (got. þius, þiwis) knecht, ȝyrwan (alts. gerwian) bereiten, bealu, g. bealwes übel, mëlu, mëlo, g. mëlwes mehl; léwan pt. lǽwde (got. lêwjan) verraten; méowle (got. mawilô) mädchen.

Anm. 1. In den hss. wird zur bezeichnung des *w* regelmässig die rune *wyn* gebraucht. Nur in den verbindungen *cw, hw* etc. findet sich öfter *u* für *w* geschrieben.

Anm. 2. Anlautendes *w* schwindet oft im 2. teil von compositis, vgl. hláford aus *hláf-weard.

Anm. 3. Inlautend nach consonanten ist *w* westgerm. meist geschwunden, z. b. ags. alts. sinȝan (got. siggwan), úhte (got. ûhtwô). Nur nach *l, r* ist *w* festgeblieben, doch ist vor altem *i* das *w* auch hier geschwunden, z. b. ȝyrwan, pt. ȝyrede (alts. gerwida).

Anm. 4. Geminiertes *w* ergab westgerm. mit einem vorhergehenden kurzen *a, e, i* die diphthonge *au, eu, iu*, welche im ags. wie die alten diphthonge zu *éa, éo* wurden, s. § 17a. 1, § 18a. 1.

Anm. 5. Einwirkung des *w* auf den folgenden vocal findet sich gemeinags. hauptsächlich in den gruppen *wio, weo*, s. § 9a. 4. Weitergehend sind die einflüsse im north., wo z. b. *we* zu *wœ* wird (wœnda = westa. wendan etc.).

§ 27. Germ. **j** wird im ags. meist durch das zeichen ȝ, welches auch den gutturalen weichen spiranten (§ 41) ausdrückt, bezeichnet. Die schreibung durch *i* ist im anlaut selten (in fremdwörtern und bisweilen vor *u*), im inlaut ist sie häufiger. — Das germ. *j* ist nur im anlaut regelmässig erhalten, z. b. ȝeonȝ, ȝiunȝ, iunȝ (got. juggs), ȝéar (got. jêr), ȝé pron. (got. jus); im inlaut steht es bisweilen zwischen vocalen, z. b. n. pl. fríȝe (zu fréo frei); ferner nach kurzem vocal + *r*, welches nach § 25b nicht geminiert wird, z. b. nerian (got. nasjan), auch nerȝan, neriȝ(e)an geschrieben; zu here (§ 46a. 1) n. pl. herȝas, heriȝ(e)as. Im übrigen ist nach consonanten inlautendes *j* im ags. stets geschwunden, z. b. settan (alts. settian, got. satjan), willa (alts. willio, got. wilja).

Anm. 1. Wie die kurzsilbigen verba auf *r* haben auch die neubildungen lemian, penian etc. (§ 99a. 1) das *j*. Dagegen ist das *i* der sw. verba II (§ 102) wie macian etc. nicht *j*, sondern der vocal *i*.

Anm. 2. Das anlautende *j* wandelt (wie die palatalen geräuschlaute § 39 ff.) ein folgendes germ. *a, œ̆, ĕ, o, u* zu den diphthongen *ea* (§ 8, 2ᵇ), *éa* (§ 11 a. 2), *ie* (§ 9, 2ᵈ), *eo* (§ 10 a. 3).

b) Die liquidae und nasale.

§ 28. Germ. **r** ist im ags. erhalten, z. b. *rǽdan* (alts. *râdan*) raten, *steorra* (got. *staírrô*) stern, *wyrcan* (got. *waúrkjan*) arbeiten. Die zahl der inlautenden *r* ist im westgerm. sehr vermehrt durch *r* < germ. *z* (ags. *mára*, got. *maiza*, s. § 23).

Anm. 1. Vorvocalisches *r* tritt gern hinter den vocal, wenn diesem ursprünglich *s*-verbindungen oder *nn* folgten, z. b. *hors* (ahd. *hros, -sses*) ross, *þrëscan* (ahd. *drëskan*) dreschen, *beornan* (ahd. *brinnan*) brennen, *yrnan* (ahd. *rinnan*) laufen; bei einfachem *s* in *ӡœrs* gras.

§ 29. Germ. **l** ist unverändert erhalten, z. b. *lǽran* (got. *laisjan*), *willa* (got. *wilja*), *hál* (got. *hails*).

§ 30. Die germ. nasale **m** und **n**, letzteres vor *c* und *ӡ* den gutturalen oder palatalen nasal bezeichnend, sind im ags. im wesentlichen unverändert geblieben, z. b. *man, ӡuma, niman, swimman, findan, spinnan, brinӡan* (got. *briggan*), *þyncean* (got. *þugkjan*). — Nur vor den germ. harten spiranten *f, þ, s* sind die nasale geschwunden, unter dehnung des vorhergehenden vocals, wobei *a* (s. § 8 a. 3) zu *ó* wird; z. b. *fíf* (got. *fimf*), *sófte* adv. (ahd. *samfto*) sanft, *ӡós* gans, *ús* uns, *ést* (got. *ansts*) gunst, *óðer* (got. *anþar*), *sið* (got. *sinþs*) weg.

Anm. 1. Vor der gutturalen spirans *h* ist *n* schon im germ. geschwunden, z. b. *fón* (got. *fáhan*), *þúhte* (got. *þúhta*), praet. zu *þyncan*.

Anm. 2. Der nasal ist nicht ausgefallen, wo er erst durch vocalsynkope vor spiranten gekommen ist, z. b. *winster* (ahd. *winistar*), verba auf ahd. *-isôn*, wie *ӡrimsian*; ferner in der 2. sg. *canst, manst* (§ 104).

Anm. 3. In nebensilben fällt der nasal vor spiranten aus ohne dehnung des vocals, z. b. *ӡeoӡuð* jugend, *duӡuð* tugend.

Anm. 4. Auslautendes *m* der flexion wird spätags. zu *n*, z. b. d. pl. *daӡon* < *daӡum*. — Im north. schwindet auslautendes *n*, z. b. infin. *fara* < *faran*.

Anm. 5. Silbenschliessendes *mn* wird spätags. oft zu *mm, m*, z. b. *em* < *emn, efn* eben; *hræm* (g. *hræmmes*) < *hræmn* < *hræfn* rabe.

2. Geräuschlaute.

a) Labiale.

§ 31. Germ. **p** ist ags. unverändert, z. b. *pæð* pfad, *hëlpan*, *wǽpen* (got. *wêpn*) waffe, *œppel* apfel. Im anlaut steht *p* meist in fremdwörtern, z. b. *pund* pfund, *píl* pfeil.

§ 32. Westgerm. b (vgl. § 23 c) ist im ags. unverändert, z. b. *brinʒan, lamb, lomb* lamm, *habban* (alts. *hebbian*) haben, *webb* gewebe (alts. *-webbi*).

§ 33. Der germ. stimmhafte spirant b̶, soweit er nach § 23 c westgerm. geblieben ist (also inlautend und auslautend nach vocal), ist auch im ags. geblieben. Doch wird er regelmässig durch das zeichen *f* ausgedrückt, ist also von germ. *f* (§ 34) in der schreibung nicht geschieden. Z. b. *ʒifan, ʒeaf* (got. *giban, gaf*), *sealfian* (got. *salbón*), *ofer* über. In lehnwörtern = lat. *v* oder *b*, z. b. *bréfian* kürzen < *breviare, féfor* fieber.

Anm. 1. Nur in den ältesten quellen wird *b* für diese *f* geschrieben, K͜ꝺ⁻¹z. b. *obaer, earbed* (Epinal. gl.). Erst spätags. kommt dafür die schreibung *u (v)* auf (z. b. *yuel, selua = yfel, selfa*), welche früher nur dem latein entsprechend (*Dáuid, Léui*) öfter angewant wurde.

Anm. 2. Da westgerm. *b* in der gemination zu *bb* wurde (§ 23 c), so haben wir *wéfan* (weben) neben *webb*, zu *hebban* (heben), praet. *hóf, hófon* (§ 94).

Anm. 3. *fn* geht, besonders spätags., oft in *mm* über (vgl. § 30 a 5); z. b. *stéfn* (got. *stibna*) > *stémn, éfne* (got. *ibns*) eben > *émn.*

§ 34. Der germ. harte spirant f ist im ags. geblieben. Inlautend zwischen vocalen wurde er stimmhaft und fiel mit germ. b̶ zusammen, doch tritt dies im ags. in der schreibung nicht hervor, da in der regel für beide laute *f* geschrieben wird. Z. b. *fœder* (got. *fadar*), *hœft* (got. *hafts*) gefangen, *wulf* (got. *wulfs*), *fíf* (got. *fimf*), *þurfan* (ahd. *durfan*) bedürfen.

b) Dentale.

§ 35. Germ. t ist ags. unverändert, z. b. *tréo* (got. *triu*) baum, *ëtan* (got. *itan*), *heorte* (got. *haírtô*), *sceatt* (got. *skatts*) geld.

Anm. 1. Altwests. geht *t* nach *s* vielfach in ð über, z. b. *másð* meist < *mást*, 2. sg. *hilpesð* < *hilpest*.

Anm. 2. Die lautgruppe *tʒ* in *ort-ʒeard* (got. *aurti-gards*, wurzgarten, garten) geht über in *c* (d. i. *tsch*): *orceard*, auch *orcʒeard, ordceard, orcerd* geschrieben.

§ 36. Westgerm. d (nach § 23 b = urgerm. ð, got. *d*) ist im ags. unverändert, z. b. *dœʒ* (got. *dags*) tag, *drífan* (alts. *drîban*) treiben, *healdan* (got. *haldan*), *biddan* (alts. *biddian*, got. *bidjan*).

Anm. 1. Vor und nach stimmlosen lauten wird *d* zu *t*, z. b. 2. sg. praet. *bitst, lætst* zu *biddan, lédan, milts* (zu *milde*) mitleid; das *-de* der sw. praet. I., z. b. *scencte*, *ʒrétte*. Nach cons. + *d*, *t* geht das *d* des sw. praet. verloren, z. b. *sende* (< *send-de), *þyrste* (< *þyrst-de), vgl. § 100 a. 2.

Anm. 2. *d* ist geschwunden in dem unbetonten praefix *ond*-, z. b. *onfón*, *onʒitan* etc.

Anm. 3. *d* im grammatischen wechsel mit *ð* s. § 24.

§ 37. Germ. *þ* ist im ags. im wesentlichen unverändert geblieben, jedoch ist der laut vielleicht zwischen stimmhaften lauten schon stimmhaft geworden, ohne dass dies durch die schreibung sicher zu erkennen ist. Der laut wird im ags. bezeichnet durch *þ* oder *ð*: beide zeichen sind gleichbedeutend. In diesem buche ist, dem vorwiegenden gebrauche vieler hss. aus mittlerer und jüngerer zeit entsprechend, im anlaut stets *þ*, im in- und auslaut *ð* angewant worden. Beispiele: *þinʒ* ding, *þrí* drei, *þwéan* (got. *þwahan*) waschen, *weorðan* (got. *wairþan*), *líðan* (got. *leiþan*) gehen, *oððe* (got. *aiþþau*) oder.

Anm. 1. In den ältesten quellen ist die schreibung *th* für germ. *þ* regel (inlautend daneben *d*), im 9. jh. herscht die bezeichnung durch *ð* vor, später wird *þ* neben *ð* allgemein üblich.

Anm. 2. *ð* im grammatischen wechsel mit *d* s. § 24.

Anm. 3. Im ags. (und alts.) ist germ. *lþ* zu *ld* geworden und mit altem *ld* zusammengefallen: *ʒold*, *wilde* (got. *gulþ*, *wilþeis*) und *healdan* (got. *haldan*). Ferner wird im ags. auch altes *þl* zu *dl* nach langem vocal, z. b. *nǽdl* (got. *néþla*) nadel. In den ältesten quellen sind jedoch sowol *lð*, als *ðl* noch erhalten. — Spätags. geht auch *ðm* in *dm* über: *mǽdmas* (pl. zu *mǻðum* kleinod).

Anm. 4. Wenn *þ* durch vocalausfall oder composition hinter *t*, *d*, *s* zu stehen kommt, so geht es in *t* über. Z. b. *éaðméttu* demut (aus *eáð-méd þu, d. i. *-*móðiþa*), 3. sg. *bit* er beisst, auslautend statt (*bitt* < *bitð* < *biteð*); 2. sg. *hilpestu* (< *hilpes-þu*). Doch erscheint oft auch statt *t* durch etymologische schreibung *ð* (*þ*). — Die gruppe *ðs* wird oft zu *ss* assimiliert, z. b. *bliss* (freude) neben *bliðs*.

§ 38. Germ. *s* ist im ags. unverändert geblieben, z. b. *sunu* sohn, *sprécan* sprechen, *slǽpan* schlafen, *sceal* soll; *céosan* wählen, *fisc* fisch, *cyssan* küssen.

Anm. 1. *s* in grammatischem wechsel mit *r* s. § 24.

Anm. 2. Für *cs* und *hs* wird gewöhnlich *x* geschrieben, z. b. *rixian* herschen, neben *ricsian* (ahd. *richisón*), *feax* haar (got. *fahs*). Dagegen wird statt *ts* nur selten *z* geschrieben, also *betsta* (*bezta*) der beste.

Anm. 3. Die gruppen *sc* und *sp* erfahren oft metathese zu *cs* (*x*) und *ps*, z. b. *áscian* fragen (ahd. *eiskón*),und *áxian*, *ácsian*, *cosp* und *cops* (alts. *cosp*) fessel. *fisc > fisc*

c) Gutturale (palatale).

§ 39. Die germanischen gutturale *k*, *χ*, *γ* (§ 22) sind ags. im allgemeinen erhalten und werden durch die zeichen *c*, *h*, *ʒ* ver-

treten. Doch sind im ags. besonders *c*, *ʒ* in gewissen stellungen
zu palatalen lauten geworden, was sich sowol durch lautliche
erscheinungen innerhalb des ags. als auch durch die spätere
entwicklung ergibt. In der schreibung werden die palatalen
c, *ʒ*, (*h*) von den gutturalen nicht geschieden. Die gutturale
und palatale üben auf umstehende vocale vielfach ähnliche
wirkungen aus, wie der palatale halbvocal *j* (sog. palatal-
umlaut), vgl. hierzu § 5.

Anm. 1. Palatal sind anlautende *c*, *ʒ* geworden vor den primären
palatalvocalen *æ*, *ǽ* (germ. *ǽ* § 11), *ę*, *eo*, *éa*, *éo*, *i*, *í* und deren i-umlauten;
sie bleiben guttural vor consonanten und vor den gutturalen vocalen *a*, *á*,
o, *ó*, *u*, *ú* und deren i-umlauten (*e*, *ǽ*, *é*, *y*, *ý*). Anlautendes *sc* zeigt auch
vor gutturalem vocal neigung zur palatalisierung.

Anm. 2. Inlautende *c*, *ʒ* (nebst geminationen *cc*, *cʒ*) sind palatal
vor altem *i*, *j*. Vor *a*, *o* wird nach diesen lauten dann oft *e* (*i*), vor *u*
bisweilen *i* (*ë*) eingeschoben, zum zeichen der palatalen aussprache, z. b.
sécean und *sécan* (got. *sôkjan*), *meniʒeo*, *meniʒio* und *meniʒo* (got. *mana-*
gei), *licʒean* und *licʒan* (alts. *liggian*); *écium* (*éceum*) neben *écum*, d. zu
éce ewig. — Aber auch vor anderen vocalen scheinen intervocalische *c*, *ʒ*
im ags. vielfach palatal gewesen zu sein, besonders in der stellung nach
palatalen vocalen, z. b. *ic* ich, *dæʒ* — *dœʒes*.

Anm. 3. Auch *h* im silbenschluss ist ags. z. t. palataler spirant,
s § 8, 2 und anm. 6, § 9, 2.

§ 40. Germ. k ist ags. geblieben und wird vor allen vocalen
durch *c* bezeichnet, nur *cs* wird *x* geschrieben (§ 38 a. 2. 3), z. b.
cúð (got. *kunþs*), *cynn* (got. *kuni*) geschlecht, *cild* kind, *céosan*
(got. *kiusan*), *cnéo* (got. *kniu*), *cwëðan* (got. *qiþan*) *sacu* (alts.
saka) streit, *æcer* (got. *akrs*) acker, *þeccan* (alts. *thekkian*) decken.

Anm. 1. Bisweilen wird auch *k* statt *c* geschrieben. Für *cw* wird
in älteren quellen oft *cu*, aber nur selten *qu* geschrieben.

Anm. 2. Vor den endungen der 2. 3. sg. ind. ps. geht spätags. oft
c in *h* über, z. b. *tǽhst*, *tǽhð* statt *tǽcst*, *tǽcð*.

§ 41. g (germ. *γ*, got. *g*) alts. *g* ist im ags. stimmhafter
gutturaler oder palataler spirant geblieben (§ 23 d). Bezeichnet
wird es mit dem zeichen *ʒ*, welches auch für den halbvocal
j angewant wird (vgl. § 27). Nur in der verbindung *nʒ* scheint
ʒ einen weichen verschlusslaut zu bezeichnen, ebenso ist die
gemination *ʒ*, welche *cʒ* geschrieben wird, als verschlusslaut
aufzufassen. Z. b. *ʒást* geist, *ʒuma* (got. *guma*), *ʒifan* (got.
giban) *ʒéotan* (got. *giutan*), *ʒrafan* (got. *graban*); *dæʒ*, *rëʒn*
regen, *beorʒan* bergen; *brinʒan* (got. *briggan*), *cyninʒ*; *licʒ(e)an*
(alts. *liggian*) liegen, *hrycʒ* (alts. *hruggi*) rücken.

2*

Anm. 1. ʒ in grammatischem wechsel mit *h* s. § 24.

Anm. 2. *iʒe* (aus *iʒi*) wird öfter zu *i* contrahiert, z. b. *îl* igel, *lîð* (aus *liʒeð*) er liegt; auch sonst schwindet oft ʒ nach *i*, besonders in ableitungssilben, z. b. *hunʒrie* für *hunʒriʒe*, *menio* für *meniʒo* und später auch auslautend, z. b. *ǽni* für *ǽniʒ*. Für *rʒ*, *lʒ* erscheint nach *y, i, e* oft *riʒ*, *liʒ*, z. b. *merʒen* und *meriʒen* morgen, *fylʒan* und *fyliʒan* folgen; sodann (mit verlust des ʒ nach *i*) *merien*, *fylian*.

Anm. 3. Nach palatalen vocalen schwindet ʒ häufig vor *d* (ð), *n* unter dehnung des vocals, z. b. *brēʒdan* und *brḗdan* schwingen, *sæʒde* und *sǽde* sagte, *pēʒnian* und *pḗnian* dienen, *friʒnan* und *frînan* erfahren, *onʒéan* und (seltener) *onʒeʒn* entgegen. — Nach *r* fällt ʒ oft aus in den flectierten formen von *morʒen* (g. sg. *mornes*, g. pl. *morna*).

Anm. 4. ʒ wird gemeinags. meist zu *h* vor stimmlosen consonanten, sowie im wortauslaut nach *r, l* und langen gutturalen vocalen; z. b. *stíhð* für *stíʒð* steigt; *burh* burg, *bealh* (praet. zu *bēlʒan* zürnen), *stáh* (praet. zu *stíʒan*), *ʒenóh* genug. — Nach kurzen vocalen und langen palatalvocalen, sowie vor stimmhaften consonanten erscheint *h* statt ʒ nur selten, z. b. *áʒlǽca* (und *áhlǽca*) unhold, oder *stíh* statt *stíʒ*. — Für dieses *h* wird bisweilen ʒ*h* geschrieben (*burʒh, stáʒh* etc.).

Anm. 5. In der verbindung *nʒ* erscheint auslautend und vor stimmlosen consonanten öfter *c* und *cʒ* für ʒ, z. b. *cyninc* (*cynincʒ*), *sprincð* (3. sg. zu *springan*).

Anm. 6. Die gemination *cʒ*, die meist = got. *gj* ist, wird im auslaut nicht vereinfacht (§ 25 a. 2), also stets *hrycʒ*. Sehr selten steht *ʒʒ* statt *cʒ*: häufiger nur da, wo die gemination alt ist (nicht durch *j* entstanden), z. b. *froʒʒa* frosch, *doʒʒa* hund.

§ 42. a) **h** (germ. harter spirant χ, got. *h*) ist ags. im **anlaut** regelmässig erhalten, z. b. *here* (got. *harjis*), *hláf* (got. *hlaifs*), *hrinʒ, hníʒan, hwít*. — b) **Inlautendes** *h* ist stets geschwunden vor vocalen, welche dabei mit dem vor dem *h* stehenden vocale contrahiert werden (s. § 7), z. b. *téon* (got. *tiuhan*), *sléan* (got. *slahan*), *þéon* (alts. *thíhan*). Geht dem *h* ein consonant (*l, r*) voraus, so wird der diesem vorausgehende vocal in der regel gedehnt, z. b. *feorh*, gen. *féores* (alts. *fẽrah*), *féolan* (got. *filhan*). — c) **Inlautendes** *h* ist erhalten in der gemination und vor stimmlosen consonanten, dagegen geschwunden vor stimmhaften consonanten; z. b. *hlyhhan* (got. *hlahjan*) lachen, *teoh*, gen. *teohhe* (mhd. *zëche*) reihenfolge; *eahta* 8 (got. *ahtau*), *weaxan* (für *weahsan* nach § 38 a. 2), *hýhsta* der höchste (got. *hauhista*), *féhð* (got. *fâhiþ*) 3. sg. zu *fón* (got. *fâhan*) fangen; aber *fléam* flucht (zu *fléon*, alts. *fliohan*), *lǽne* (alts. *lēhni*) vergänglich; auch in compos., z. b. *héalic* (aus

héah-lic) hoch. — d) **Auslautendes** *h* bleibt regelmässig, z. b.
feorh leben (g. *féores*), *héah* hoch, *téoh* (imperat. zu *téon* ziehen).

Anm. 1. *h* im grammatischen wechsel mit *ȝ* s. § 24.

Anm. 2. Das westgerm. aus früherem *hw* entstandene *h* (vgl. § 26
a. 3) wird ganz wie einfaches *h* behandelt, z. b. *séon* (alts. *sĕhan*, got.
saihvan), praet. *seah* (alts. *sah*, got. *sahv*).

Anm. 3. Vor *s* + cons. ist *h* meist geschwunden, z. b. *néosian* (alts.
niusôn, vgl. got. *niuhsjan*) besuchen, *wæsma* (ahd. *wahsmo*) wachstum.

Anm. 4. In den ältesten quellen ist inlautendes *h* noch oft erhalten
(*thóhae, wlóhum* Epin. = *þó, wló(u)m*); ebendaselbst wird statt *ht* oft *ct*
oder *cht* geschrieben (*dryctin, sóchtae*).

Anm. 5. Für auslautendes *h* wird in den ältesten quellen öfter *ch*
geschrieben (*tóch, thorch* Epin.); später findet sich *ȝ* statt *h*, z. b. *feorȝ*,
þurȝ (vgl. § 41 a. 4).

Morphologie: # Flexionslehre.

I. Abschnitt. Declination.

Cap. I. Declination der substantiva.

A. Starke (vocalische) declination.

1. Die a-declination.

§ 43. Die a-declination enthält nur masculina und neutra. Man unterscheidet reine a-stämme, ja-stämme und wa-stämme.

a) Reine a-stämme.

§ 44. Masculina. Paradigmen: *dóm* urteil, gericht, *dæg* tag (vgl. § 8, 1), *finзer* finger (vgl. § 20).

				alts.
Sg. NA.	dóm	dæз	finзer	dag
G.	dómes	dæзes	finзres	dages, -as
D.	dóme	dæзe	finзre	dage, -a
I.	dóme	dæзe	finзre	daзu, (-o)
Pl. NA.	dómas	daзas	finзras	daзos, (-as)
G.	dóma	daзa	finзra	daзo
D.	dómum	daзum	finзrum	daзun, -on

So gehen die meisten masculina, da im ags. auch aus anderen declinationsklassen viele wörter hierher übergetreten sind, besonders die langsilbigen *i-* und *u-*stämme. Weitere beispiele: *wulf, múð* mund, *weal* (auch *weall*), g. *wealles* wall (§ 25 a. 2), *pwð* (pl. *paðas*) pfad, *eoh* (g. *éos* § 42b) pferd, *seolh* (g. *séoles* § 42b) seehund, *enзel* (g. *enзles*), *cyninз, heofon* (g. *heofones*) himmel. *metod ...* *mōðзefano,*

Anm. 1. In den ältesten quellen geht der g. sg. auf *-æs,* d. sg. auf *-æ,* i. sg. auf *-i* aus (also *dómæs, dómæ, dómi*). Die form des g. auf *-æs* (-as) ist auch später north. noch häufig. — Der g. pl. wird im north. und auch in späten ws. texten öfter nach art der *n-*declination gebildet: *daз- ana, -ona.* — Das *-um* des d. pl. dieser und aller folgenden substantiv- declinationen geht später in *-un, -on, -an* über (vgl. § 67 a. 1).

§ 45. Neutra. Paradigmen: *wōrd* wort, *fǽt* fass (vgl. § 8,1), *héafod* haupt (vgl. § 20).

				alts.	
Sg. NA.	word	fæt	héafod	word	fat
G.	wordes	fætes	héafdes	wordes, -as	
D.	worde	fæte	héafde	worde, -a	
I.	worde	fæte	héafde	wordu, -o	
Pl. NA.	word	fatu, -o	héaf(o)du	word	fatu
G.	worda	fata	héafda	wordo-	fato
D.	wordum	fatum	héafdum	wordun	fatun, -on

Weitere beispiele: a) langsilbige (wie *word*): *bearn* kind, *wif*, *feorh* (g. *féores* § 42b) leben; — b) kurzsilbige (wie *fæt*): *hof* (pl. *hofu*) hof, *dæl* (pl. *dalu*) tal, *ʒeat* (aus *ʒæt* § 8,2b) tor, pl. *ʒatu* (seltner *ʒeatu*), *ʒærs* (aus *ʒræs* § 28 a.1) gras, pl. *ʒrasu*, *ʒesét* wohnsitz, pl. *ʒesétu* (und *ʒeseotu* § 9 a.6), *clif* klippe (pl. *clifu* und *cliofu* § 9 a.6); — c) mehrsilbige: *tunʒol* (g. *tunʒles*) stern, *tácen* (g. *tácnes*) zeichen, *léʒer* (g. *léʒeres* § 20 a.4) lager; *wërod* (g. *wërodes*) schaar.

Anm. 1. Die in § 44 a.1 bemerkten nebenformen gelten auch für die neutra. — Die endung des n. a. pl. auf *-u* (jünger *-o*, spät auch *-a*) kommt den kurzsilbigen neutris zu (§ 19 a.2); bei den mehrsilbigen ist das *-u* schwankend: doch lässt sich sagen, dass wörter mit altem mittelvocal (§ 20b) den plural gewöhnlich ohne *-u* bilden bei kurzer stammsilbe (z. b. pl. *wërod*), dagegen mit *-u* bei langer stammsilbe, und zwar meist ohne synkope des mittelvocals (also *héafodu* u. *héafdu*). Die wörter mit neuem mittelvocal dagegen (§ 20c) schwanken: n. a. pl. *tunʒol* und *tunʒlu*, *tácen* und *tácnu*.

Anm. 2. Einen plural mit *r* (vgl. ahd. *-ir*: *lamb*, pl. *lembir*) bilden im ags. regelmässig nur wenige wörter. So sg. n. a. *lomb*, *lamb* (lamm) g. *lombes*, d. *lombe*, pl. n. a. *lombru*, g. *lombra*, d. *lombrum*; ferner *cealf* (kalb), pl. *cealfru*, und *æʒ* (ei), pl. *æʒru*; *cild* (kind), pl. *cild* und (seltener) *cildru*. Neben *lomb* kommt dial. auch ein sg. *lombor* vor.

Viele früher hierher gehörige wörter haben das *r* auch im sg. durchgeführt und flectieren demnach wie gewöhnliche neutra, z. b. *hríðer*, *hrýðer* (rind), pl. *hrýðeru*, *wildor* (wild), pl. *wildru*, *dóʒor* (tag), pl. *dóʒor*, *salor* (saal) mit danebenstehendem *sæl* (pl. *salu*). Zum teil haben sie endungslosen d. sg., wie *dóʒor* neben *dóʒ(o)re*.

b) *ja*-stämme.

§ 46. Paradigmen der masculina: *secʒ* (vgl. § 39 a.2) mann, *ende* ende; der neutra: *cyn(n)* geschlecht, *rice* (vgl. § 39 a.2) reich.

(handwritten marginalia at top: "Oxford" "Gram. Umlaut.")

	masc.		neutr.		alts.	
Sg. NA.	secʒ	ende	cyn(n)	rice	endi	kunni
G.	secʒes	endes	cynnes	rices	endies	kunnies
D.	secʒe	ende	cynne	rice	endie	kunnie
I.	secʒe	ende	cynne	rice	endiu	kunniu
Pl. NA.	secʒ(e)as	endas	cyn(n)	ric(i)u	endios	kunni
G.	secʒ(e)a	enda	cynna	ric(e)a	endi	kunnio
D.	secʒ(i)um	endum	cynnum	ric(i)um	endiun	kunniun

Wie *secʒ* und *cyn* (§ 25 a. 2) gehen die ursprünglich kurz-
silbigen, deren gemination erst westgerm. durch *j* entstanden ist
(§ 25 b), z. b. masc. *hrycʒ* (alts. *hruggi*) rücken, *dyn(n)* lärm; —
neutr. *wed* (alts. *weddi*) pfand, *bed* (alts. *bed*, g. *beddies*) bett,
net (alts. *net*) netz.

Wie *ende* und *rice* gehen die langsilbigen, z. b. masc. *hyrde*
(alts. *hirdi*) hirt, *lǽce* arzt, *méce* (§ 11 a. 4) schwert, und nomm.
agentis auf -*cre* (alts. -*ari*), z. b. *fiscere* fischer, *bócere* schrift-
gelehrter; — neutr. *wite* (alts. *witi*) strafe, pl. *witu*, *zewǽde*
kleid, *ʒemyrce* grenze; ableitungen auf -*enn*-, -*ett*- (mit ver-
einfachung des *nn*, *tt* im n. a. sg.): *wésten* wüste (g. *wéstennes*
und später *wéstenes* § 25 a. 2, n. a. pl. *wéstennu* und *wéstenu*),
fæsten fasten, *réwet* rudern (g. *réwettes*).

Anm. 1. Das masc. *here* heer (alts. *heri*, got. *harjis*), welches nach
§ 27 das *j* behält, flectiert g. sg. *herʒes*, *heriʒes*, d. i. sg. *herʒe*, *heriʒe*,
n. a. pl. *herʒas*, *heriʒas*, *heriʒeas* etc.

Anm. 2. Die neutra *hieʒ*, *híʒ* (heu) und *ʒlíʒ* (freude) haben das
j (zwischen vocalen § 27) beibehalten, g. sg. *híʒes*, *ʒlíʒes* etc.

c) wa-stämme.

§ 47. Für die wa-stämme, die im ganzen nach § 44. 45
gehen, kommen nur die gesetze des auslautenden *w* (§ 26) in
betracht. Paradigmen: masc. *snáw*, selten *sná* schnee (alts.
snéu, *snéwes*); neutra *tréo(w)* baum (alts. *treo*), *bealu* übel (alts.
balu, *baluwes*).

Sg. NA.	snáw	tréo(w)	bealu
G.	snáwes	treowes, tréowes	bealwes
D.	snáwe	treowe, tréowe, tréo	bealwe
I.	snáwe	treowe, tréowe	bealwe
Pl. NA.	snáwas	treowu, tréow(u), tréo	bealu, -o
G.	snáwa	treowa, tréowa	bealwa
D.	snáwum	treowum, tréowum	bealwum

Weitere beispiele dieser nicht zahlreichen klasse: a) nach
snáw: masc. *hláw*, *hlǽw* grabhügel, *þéaw* sitte, neutr. *oncléow*

knöchel (n. a. pl. *oncléow* und *onclḗowu*). — b) nach *tréo(w)*: masc. *þéo* und *þéow* knecht (na. pl. *þḗowas*), neutr. *cnéo(w)* knie; — c) nach *bealu*: neutra *searu* rüstung, *meolu* mehl, *teoru* teer; masc. *bearu* wald (n. a. pl. *bearwas*).

Anm. 1. Zwischen *r*, *l* und *w* erscheint oft ein secundärvocal *u*, *o* oder *e* (letzteres besonders vor *a*, *u* der endung), z. b. *bealuwes*, *bealowe*, *bealewa*, *bealewum*.

Anm. 2. Bei den nach *bealu* gehenden dringt das *w* auch in den n. a. (*bealuw*, *searuw*); der d. pl. lautet älter auch *bealum*, der n. a. pl. der neutra später auch *bealwu*, *-wa*.

2. Die ô-declination.

§ 48. Diese klasse enthält nur feminina. Neben den reinen ô-stämmen gibt es *-jô-* und *-wô-*stämme.

a) Reine ô-stämme.

§ 49. Die hiergehörigen wörter sind nach dem n. sg. in kurzsilbige und langsilbige zu scheiden, da das *-u* der endung nach langer silbe schwand (§ 19 a. 2). Paradigmen: *ʒifu* (alts. *gëba*) gabe, *ár* (alts. *éra*) ehre.

			alts.
Sg. N.	ʒifu, -o	ár	gëba, êra, (-e)
G.	ʒife	áre	gëba
D.	ʒife	áre	gëbu, (-o, -a)
A.	ʒife	áre	gëba, (-e)
Pl. NA.	ʒifa, -e	ára, -e	gëba
G.	ʒifa, (-ena)	ára, (árena)	gëbono
D.	ʒifum	árum	gëbun, -on

Beispiele: a) Wie *ʒifu* gehen kurzsilbige: *sǎcu* verfolgung (g. sg. *sace* und *sǽce*, § 8, 1ᵇ), *cwǎlu* tod, *þeʒu* empfang, *scolu* schaar, *lufu* liebe etc. — b) Wie *ár* geht die grosse anzahl der langsilbigen, z. b. *ród* kreuz, *mearc* mark, *sorʒ* (und *sorh* § 41 a. 4) sorge, *heal*, *heall* (§ 25 a. 2) halle, *nǽdl* nadel, wörter mit neuem mittelvocal (§ 20ᶜ), *frófor* (g. *frófre*) trost, *wócor* (g. *wócre*) wucher. — c) Die ursprünglich dreisilbigen bilden regelmässig den n. sg. wie *ár* ohne *-u*, z. b. *firen*, g. *firene* (alts. *firina*) sünde, *sáwol* (got. *saiwala*) seele, g. *sáwle* nach § 20ᵇ; die abstracta auf got. *-iþa* haben gewöhnlich den n. sg. auf *-u*, *-o*, woneben aber (bes. später) auch die gekürzte form steht, z. b. *strenʒðu* und *strenʒð* (ahd. *strengida*) kraft, *éaðméttu* (§ 37 a. 4) demut.

Anm. 1. In den ältesten quellen gilt -œ statt -e als endung des g. d. a. sg. und n. a. pl.; im n. a. pl. gilt wests. a als gewöhnliche endung. Bei den abstracten auf -unʒ ist die endung a statt e auch in g. d. sg. häufig. Ein dat.-instr. auf -i, der in den ältesten quellen bisweilen begegnet (rôdi) ist aus der a-decl. entlehnt. — Die endung des g. pl. auf -ena fehlt dem altwests. noch und ist auch später nur in beschränktem umfange, besonders bei einigen kurzsilbigen, durchgedrungen.

Anm. 2. Die form des n. sg. auf -u (-o) wird in jüngeren texten bisweilen auf die übrigen singularcasus übertragen, so dass also z. b. lufu auch als g. d. a. sg. steht. Besonders häufig ist dies bei den abstracten auf -ðu, ðo, bei denen sowol die längere form (strenʒðu, -ðo), als auch die kürzere (strenʒð) in die übrigen casus des sg. dringt, wozu wol die abstracta auf -u (§ 50) veranlassung gaben.

§ 50. Die feminina abstracta auf -i, welche ursprünglich der schwachen declination angehörten (got. managei), sind im ags. in diese klasse übergetreten. Der frühere ausgang auf i (alts. sg. n. g. d. a. huldi, pl. na. huldi, g. huldio, d. huldiun) zeigt sich ags. noch durch steten umlaut der wurzelsilbe (z. b. yldu alter, hyldu huld, hǽlu heil, strenʒu kraft), sowie in der palatalisierung vorausgehender gutturale (z. b. meniʒeo menge, § 39 a. 2). Die flexion dieser wörter ist meist im ganzen sg. unverändert: n. g. d. a. hyldu, -o, daneben g. d. a. hylde. Im pl. n. a. hyldu, -o und hylde, -a, g. hylda, d. hyldum.

b) jô-stämme und wô-stämme.

§ 51. Die jô-stämme flectieren ganz wie ár (§ 49); nur haben sie, wo es möglich, umgelauteten wurzelvocal; der schwache g. pl. auf -ena kommt bei ihnen nicht vor. Die ursprünglich kurzsilbigen haben gemination des consonanten durch j, die auslautend meist vereinfacht wird (§ 25 a. 2). Beispiele: a) ursprünglich langsilbige: hild kampf (alts. hildia), yð woge (alts. ûðia), hyð beute; ableitungen mit -s wie milds, milts erbarmen; — b) ursprünglich kurzsilbige: sib, sibb friede (alts. sibbia), brycʒ brücke, hell hölle; ableitungen auf l, n, s, z. b. condel leuchte, ʒyden göttin, hœʒtes hexe (g. sg. condelle, ʒydenne, hœʒtesse).

Anm. 1. Ein -u in n. sg. zeigen eowu schaf, þeowu dienerin (daneben n. sg. eowe, þeowe). Ferner haben bisweilen später die movierten feminina u-formen (z. b. ʒydenu göttin) und in älterer sprache stets die langsilbigen ableitungen auf t (z. b. ylfetu schwan, hyrnetu hornisse).

Anm. 2. ieʒ, iʒ (éʒ) insel, g. iʒe, hat das j erhalten.

§ 52. Die *wô*-stämme weichen ebenfalls nur wenig von den reinen *ô*-stämmen ab. Ganz wie *ár* gehen die wörter mit vocal oder diphthong vor dem *w*, z. b. *hréow* reue, *tréow* treue. Von den wörtern mit consonant vor dem *w* haben die kurzsilbigen im n. sg. *-u*, die langsilbigen sind ohne endung. Z. b. n. sg. *beadu* (kampf), g. sg. *beadwe* etc.; *mǽd* (wiese), g. sg. *mǽdwe*, *mǽde* etc.

Anm. 1. Von den consonantischen *wô*-stämmen haben die langsilbigen häufig formen ohne *w* in den casus obl. (*mǽde* etc.), bei kurzsilbigen zeigt sich dies nur an einzelnen wörtern, z. b. *sceadu* schatten, g. *sceade* und *sceadwe*. Vocalische *wô*-stämme mit verlust des *w* und contraction sind *þréa* drohung, *cléa*, *cléo* klaue (daneben neugebildet *clawu* wie *zifu* § 49).

Anm. 2. Sprossvocale erscheinen bei kurzsilbigen bisweilen zwischen consonant und *w*: *beadowe* neben *beadwe* etc.

3. Die *i*-declination.

§ 53. Die *i*-declination enthält masculina, feminina und eine kleine anzahl neutra. Zu unterscheiden sind langsilbige und kurzsilbige, da (nach § 19 a. 2) das *i* im n. a. sg. nach langer stammsilbe geschwunden, nach kurzer aber (als ags. *-e*) erhalten ist. Die flexion der *i*-declination ist im ags. schon grösstenteils mit der *ǻ*-, *ǿ*-decl. zusammengefallen.

a) Langsilbige.

§ 54. Die langsilbigen masculina sind völlig in die *ǻ*-declination übergetreten und flectieren ganz wie *dóm* (§ 44). Sie sind nur noch an dem umlaut der stammsilbe zu erkennen. Z. b. *wyrm*, n. a. pl. *wyrmas* wurm (alts. *wurm*, pl. *wurmi*), *ziest*, *zist* gast, *wǽz* woge, *fenz* griff, *wyrp* wurf.

Nur einige pluralia tantum haben die alten formen des n. a. pl. erhalten: *ylde* menschen, *ylfe* elfen, *léode* leute, und völkernamen wie *Enzle*, *Seaxe*, *Norðanhymbre*. Diese gehen also:

		alts.
Pl. NA.	léode	liudi
G.	léoda (Seaxna)	liudio
D.	léodum	liudiun

§ 55. Die langsilbigen feminina unterscheiden sich von den langsilbigen *ô*-stämmen (*ár* § 49) nur noch durch den endungslosen a. sg. Paradigma *dǽd* tat.

	alts.			alts.
Sg. NA. dǽd	dâd	Pl. NA. dǽde, -a	dâdi
G. dǽde	dâdi	G. dǽda	dâdio, -eo
D. dǽde	dâdi	D. dǽdum	dâdiun, -ion

Weitere beispiele: *cwén* frau (alts. *quân*), *hýd* haut, *ést* gunst (alts. *anst*), *zewyrht* tat, *zescéaft* geschöpf; *meaht*, *miht* macht.

Anm. 1. In den ältesten quellen findet sich noch der n. a. pl. auf -i (*maecti* hymn. Cædmons).

Anm. 2. In den a. sg. dringt später die endung -e aus der *i̯*-decl. ein, mit welcher dann diese feminina völlig zusammenfallen.

b) Kurzsilbige.

§ 55. Die kurzsilbigen feminina sind ganz in die *i̯*-declination übergetreten. Paradigma der masc.: *hy̆ze* sinn, der neutra: *spĕre* speer.

	masc.	neutr.	alts.
Sg. NA.	hy̆ze	spĕre	hugi
G.	hyzes	spĕres	huges, (-ies)
DI.	hyze	spĕre	hugi, (-ie, -ea)
Pl. NA.	hyzeas	spĕru	hugi, (-ios)
G.	hyza	spĕra	hugio, -eo
D.	hyzum	spĕrum	hugiun, -iou, -eon

Weitere beispiele: a) masc. *wine* freund (alts. *wini*), *stede* ort, *hete* hass, *sleze* schlag, *cyme* ankunft, *scyte* schuss; abstracta auf -*scipe* (*fréondscipe* freundschaft etc.), völkernamen wie *Dene* Dänen und (ohne umlaut) die auf -*ware* (*Rómware*, *Cantware* etc.); — neutra (nur sehr wenige), z. b. *sife* sieb, *orleze* schicksal, *zedyre* türpfosten.

Anm. 1. Statt des -e im na. d. sg., na. pl. zeigen die ältesten quellen noch die endung -i. — Im na. pl. ist die endung der *a*-decl. -*as* schon häufiger als -e.

Anm. 2. Von *wine*, *Dene* lautet der g. pl. auch *winiz(e)a*, *Deniz(e)a* (neben *wina*, *Dena*).

4. Die u-declination.

§ 56. Die u-declination enthält im ags. nur masculina und feminina. Dieselben scheiden sich (nach § 19 a. 2) in langsilbige und kurzsilbige. Die anzahl der zugehörigen wörter ist nicht gross; viele früher hierhergehörige sind schon ganz in die *i̯*-decl. übergetreten. Paradigma der masculina: *sŭnu* sohn, *fĕld* feld, der feminina: *dŭru* tür, *hōnd* hand.

	masc.		fem.		alts.
Sg. NA.	sŭnu, -o; -a	fĕld	dŭru	hōnd	sunu, -o
G.	suua	fŭlda; -es	dura	honda	sunies, -eas
Dl.	suna; -u, -o	fĕlda; -e	dura; -u	honda	sunu, -o; -ie
Pl. NA.	suna; -u, -o	fŭlda; -as	dura; -u	honda	suni
G.	suna	fŭlda	dura	honda	suuo
D.	sunum	fĕldum	durum	hondum	sunun

Weitere beispiele: a) masc. *wŭdu* holz, *mĕdu* (*meodu*) met; *weald* wald, *sumor*, *winter*, *hád* (got. *haidus*) person, *hearʒ* hain; — b) fem. nur noch: *nŏsu* nase, *flór* flur, *cweorn* mühle.

Anm. 1. Neben den casus der *u*-declination treten bei den masc. überall in später zunehmendem grade die formen der *a*-declination auf. Besonders häufig ist dies bei den laugsilbigen (g. sg. *feldes*, n. a. pl. *feldas*), aber auch *sunas*, *wudas* etc. sind später häufig.

Anm. 2. Die feminina bilden vielfach ihre casus auch nach der *ō* decl., z. b. g. d. sg. *dure*, *nose*. Von *duru* heisst der d. sg. selten *dyru* und *dyre*; zu *hond* auch g. d. sg. *hond*.

B. Schwache (*n*-)declination.

§ 57. Die schwache decl. enthält im ags. sehr viele masculina, nicht viele feminina und nur zwei neutra. Die declination der drei geschlechter ist bis auf den u. sg. (a. sg. neutr.) zusammengefallen.

§ 58. **Masculina.** Paradigmen: *ʒuma* mann, *léo* löwe.

			alts.
Sg. N.	ʒuma	léo	gumo, (-a)
GDA.	ʒuman	léon	gumon, -an
Pl. NA.	ʒuman	léon	gumon, (-un)
G.	ʒumena	léona	gumono
D.	ʒumum	léom	gumon, (un)

Wie *ʒuma* gehen sehr viele, z. b. *hona* hahn, *móna* mond, *nĕfa* neffe, *téona* schade, und nomina agentis, wie *bona* mörder, *wiʒa* kämpfer. — Wie *léo* gehen eine anzahl contrahierter (§ 7), z. b. *fréa* herr, *ʒeféa* freude, *rá* reh.

Anm. 1. Neben -*an* begegnet in einigen texten auch die endung -*on*; im g. pl. steht seltener -*ana*, -*ona* statt -*ena*; daneben namentlich in den poet. texten häufig ein synkopiertes -*na*, wie *éarna*, *éaʒna*.

Anm. 2. *oxa* (ochse) hat im na. pl. (*œxen* § 10) *exen* neben *oxan*, g. *oxna*, d. *oxum* und daneben *oxnum*; ein d. pl. auf -*num* findet sich später auch bei *nĕfa*, *léo* (*nefenum*, *lĕonum*); Das pl. tantum *híwan*, *híʒan* (familie) hat im g. pl. *híʒna*, *híwna* und *hína*.

§ 59. 1) **Feminina.** Beispiele: *tunʒe* (alts. *tunga*) zunge, *eorðe* erde, *heorte* herz, *méowle* jungfrau; kurzsilbige: *ceole* kehle, *cwĕne* (got. *qinô*) frau. Contrahierte:*béo* biene, *slá* schlehe, *tá* zehe. — Die flexion ist ganz die der masculina (also g. sg. *tungan, béon* etc.): dem fem. eigen ist nur der n. sg. auf *-e* (bei den uncontrahierten). *fyrhtu, þrotu uswr.*

Anm. 1. Die meisten kurzsilbigen nehmen in n. sg. statt *-e* die endung *-u* an (nach *zifu* § 49), z. b. *þrotu* kehle (g. sg. *þrotan* etc.), *cinu* spalte, *hracu* rachen. *fyrhtu (...N);*

Anm. 2. Das pl. tantum *éastron, -un* hat nur selten die regelmässige endung *-an*, daneben steht n. a. *éastru* mit der endung des starken neutrums. Der g. ist *éastreno, -ana, éastran* und stark *éastra*; ein n. sg. findet sich bisweilen.

2) Die zwei neutra *éaze* auge (alts. *óga*) und *éare* ohr (alts. *óra*) gehen, vom na. sg. auf *-e* abgesehen ganz wie *zuma*, also g. sg. *éazan* etc.

Anm. 3. *wonze* (wange) zeigt noch vielfach flexion des schw. neutrums, daneben aber starke formen durch vermischung mit den st. n. *wenze* und *þunwenze* (schläfe), welche ihrerseits von *wonze* auch schwache formen annehmen.

Anm. 4. Zu *éaze, éare* vgl. § 58 a. 1. (g. pl. *éazena* und *éazna*). Spätwests. zeigen *éaze, éare* auch starke formen, z. b. g. sg. *éazes, éares.*

C. Kleinere (consonantische) declinationsklassen.

1. Vereinzelte consonantische stämme.

§ 60. Paradigma der masculina: *fót* fuss, der kurzsilbigen feminina: *hnutu* nuss, der langsilbigen fem.: *bóc* buch. (Alts. *mann* m., *naht* f.).

	masc.	fem.		alts.	
Sg. NA.	fót	hnŭtu	bóc	man(n)	naht
G.	fótes	hnute	béc; bóce	mannes	nahtes
D.	fét	hnyte	béc	man, manne	naht
I.	fóte, fét	—	—		
Pl. NA.	fét	hnyte	béc	man(n)	naht
G.	fóta	hnuta	bóca	manno	nahto
D.	fótum	hnutnm	bócum	mannun	nahtun

§ 61. Masculina. Wie *fót* gehen *tóð* zahn und *mon(n) man(n)*, pl. *téð, men (menn)*.

Anm. 1. Wie *man* geht *wífman* (später *wimman*) weib, das auch als f. gebraucht wird. — Neben *man, mon* steht auch ein sw. m. *manna, monna.*

Anm. 2. Zu *fót, tóð* später bisweilen n. a. pl. *fótas, tóðas.*

Anm. 3. Zu *ós* (gott) ist nur ein g. pl. *ésa* belegt.

Anm. 4. Die zweisilbigen *hæleð* (held) und *mónað* (monat) flectieren nach der *a*-decl., haben aber im n. a. pl. auch endungslos *hæleð, mónað.*

§ 62. Feminina. Wie *hnútu* gehen noch *studu, stuðu* säule und *hnitu* niss. — Wie *bóc* gehen: *ác* eiche, *zát* geiss,

bróc hose, *gós* gans, *burg* burg, *furh* furche, *sulh* pflug, *turf*
rasen, *grút* grütze, *lús* laus, *mús* maus, *þrúh* korb, sarg, *cú* kuh,
éa wasser, *neaht, niht* nacht, *mægeð, mægð* jungfrau.

Anm. 1. Im einzelnen zeigen die langsilbigen abweichungen vom para-
digma *bóc*. Von manchen kommen nur die längern formen des g. sg. vor
(so *áce, góse, gáte, múse*); der d. sg. erscheint bisweilen später ohne umlaut
(*ác, bóc* etc.). Vielfach finden sich übergänge in die *ō*-decl. (nach *dr* § 49);
z. b. n. a. pl. *burge, -a*, d. sg. *burge*.

Anm. 2. Von *burg* (*burug*) haben die umgelauteten formen (g. d.
sg., n. a. pl.) meist secundärvocal: *byrig*. — Bei denen auf *h* ist § 42 ᵇ zu
beachten, also zu *furh* g. sg. *fyrh* und *fúre*, d. pl. *fúrum*.

Anm. 3. *neaht, niht* und *mægeð, mægð* sind im ganzen sg. und im
n. a. pl. unveränderlich. Doch hat *niht* daneben auch g. d. sg. *nihte* und
einen meist nur adverbial gebrauchten g. sg. *nihtes*.

Anm. 4. Einzelne consonantische casus zeigen auch *wlóh* saum, *dung*
unterirdisches gemach (d. sg. *ding*), *meolc* milch (d. sg. *meolc* neben *meolce*
und *meolcum*.)

§ 63. Neutra gehören hierher nur zwei: *scrúd* (gewand),
d. sg. *scrýd*, spät *scrúd(e)*, na. pl. *scrúd*, g. *scrúda*; — *ealu* (bier),
g. d. sg. *ealoð, -að*, g. pl. *ealeða*, vereinzelt auch a. sg. *ealað*
statt *ealu*.

2. Verwantschaftsnamen (*r*-stämme).

§ 64. Die verwantschaftsnamen *fæder* vater, *bróðor* bruder,
módor mutter, *dohtor* tochter, *sweostor, swuster* schwester (neben
den pl. tantum *gebróðor* gebrüder, *gesweostor* geschwister)
flectieren folgendermassen:

	masc.		fem.		
Sg. NA.	fæder	bróðor	módor	dohtor	sweostor
G.	fæder, -eres	bróðor	módor	dohtor	sweostor
D.	fæder *iy*	bréðer	méder	dehter	sweostor
Pl. NA.	fæderas	bróðor, -ðru	módra, (-u)	dohtor, -tru, -tra	sweostor
G.	fædera	bróðra	módra	dohtra	sweostra
D.	fæderum	bróðrum	módrum	dohtrum	sweostrum

Anm. 1. Statt *-or* findet sich nicht selten *-er*, selten dial. *-ar*. —
In den dreisilbigen formen von *fæder* wird altwests. das *e* synkopiert
(*fædres* etc.).

Anm. 2. Spätws. begegnen auch umgelautete g. sg. *méder, dehter*;
umgekehrt unumgelautete dative, wie *bróðer, dohter*.

Anm. 3. Im alts. sind alle diese worte im ganzen sg. und n. a. pl.
unverändert: also sg. und n. a. pl. *fader, bróðer, -ar* etc.

3. Stämme auf -*nd* (participialstämme).

§ 65. Hierher gehören nur die substantivierten participia
praesentis, die eigentlichen participia gehen nach der adjec-

tivischen *ja*-declination !(s. § 68). Paradigmen *fréond* freund,
hettend hasser, feind (alts. *lêriand* lehrer).

Sg. NA.	fréond	hettend	friund	lêriand
G.	fréondes	hettendes	friundes	lêriandes
D.	frýnd, fréonde	hettende	friunde	lêriande
I.	fréonde	hettende	—	—
Pl. NA.	frýnd, fréond	hettend, -de; -das	friund	lêriand
G.	fréonda	hettendra	friundo	lêriandero
D.	fréondum	hettendum	friundun	lêriandun

alts.

Anm. 1. Wie *fréond* geht noch *féond* (feind), *ʒód-dónd* (pl. *ʒóddénd*) woltäter. Im n. a. pl. finden sich in der poesie (u. angl.) auch n. a. pl. *fréondas, féondas.*

Anm. 2. Wie *hettend* gehen alle zweisilbigen (z. b. *wealdend* herscher, *démend* richter). In jungen texten dringt bisweilen das *r* des g. pl. in den ganzen plural (n. a. pl. *wealdendras* etc.).

Cap. II. Declination der adjectiva.

A. Starkes adjectivum.

§ 66. Die starke adjectivdeclination schliesst sich an die *a-ó*-declination an; auch hier unterscheiden wir reine stämme und solche, die *j* oder *w* vor dem stammauslaut haben, also *ja-jó*-stämme und *wa-wó*-stämme. Von früher vorhandenen starken adjectiven der *i*- und *u*-declination sind im ags. nur noch dürftige spuren vorhanden.

Anm. 1. Die früheren adjectiva der *i*-declination flectieren wie die langsilbigen *ja-, jó*-stämme (§ 68), z. b. *ʒemǽne, blíðe* = got. *gamains, bleiþs.* Die ursprüngliche zugehörigkeit zur *i*-declination ist nur bei ein paar kurzsilbigen zu erkennen, die keinen geminierten consonanten haben: *bryce* zerbrechlich, *swice* trügerisch, *freme* tüchtig, *ʒemyne* eingedenk.

Anm. 2. Die adjectiva der *u*-decl. sind ags. in die *a*- oder *ja*-decl. übergetreten, z. b. *heard, eʒle* (beschwerlich) = got. *hardus, aglus.* — Nur zwei kurzsilbige *u*-stämme sind im ags. noch erkennbar: 1) *wlacu* (lau) im nom. sg. neben *wlæc*; von letzterem werden alle flectierten formen gebildet; — 2) *cwucu, cucu* (lebendig, aus **cwiocu* § 9 a. 4). Die form auf -*u* gilt für den n. sg. und pl. aller geschlechter, sowie für den a. sg. fem. und a. sg. pl. neutr. Die übrigen formen werden nach der *a*-decl. wie von einem n. *c(w)uc* gebildet; nur im a. sg. masc. steht neben *cucne* häufiger *cucune, -one.* Die angl. dialekte (und vielfach die poet. denkmäler) haben dafür *cwic*, das ganz nach der *a*-decl. geht.

§ 67. Reine *a-ó*-stämme. Paradigma: a) für die langsilbigen: *ʒód* gut, b) für die kurzsilbigen: *hwæt* scharf (vgl. § 8,1), c) für die mehrsilbigen: *háliʒ* heilig (vgl. § 20). — Für das neutr. gelten ausser dem n. a. die formen des masc.

Masc.				alts.
Sg. N.	ʒód	hwæt	háliʒ	gôd
G.	ʒódes	hwates	hálʒes	gôdes, -as
D.	ʒódum	hwatnm	hálʒum	gôdum(n), -un; -on
A.	ʒódne	hwætne	hálizne	gôdan(a), hêlagna
I.	ʒóde	hwate	hálʒe	gôdu, (-o)
Pl. NA.	ʒóde	hwate	hálʒe	gôda, -e
G.	ʒódra	hwætra	hálizra	gôdaro, -oro, -ero
D.	ʒódum	hwatum	hálʒum	gôdun, -on

Neutr.				
Sg. NA.	ʒód	hwæt	háliʒ	gôd
Pl. NA.	ʒód	hwatu, -o	{hál(i)ʒu, -o; háliʒ	gôd; (gôda); (managu)

Fem.				
Sg. N.	ʒód	hwatu, -o	{hál(i)ʒu, -o; háliʒ	gôd
G.	ʒódre	hwætre	háliʒre	gôdaro, -ara
D.	ʒódre	hwætre	háliʒre	gôdaro, -aru
A.	ʒóde	hwate	hálʒe	gôda
Pl. NA.	ʒóda, -e	hwata, -e	hálʒa, -e	gôda
G.	ʒódra	hwætra	hálʒra	gôdaro, -oro, -ero
D.	ʒódum	hwatum	hálʒum	gôdun, -on

a) Wie *ʒód* gehen die meisten ags. adjectiva, z. b. *eald*, *hál*, *róf* tüchtig; *þweorh* quer, g. *þwéores* (§ 42b); *wóh* böse, u. fem. *wó* (< **wóhu*), g. *wós*, d. *wó(u)m*, a. *wóne* etc. (§ 42b); *héah* hoch, g. *héas* (§ 42b); *ʒrimm* und *ʒrim*, g. *ʒrimmes*, *ʒrimre* (§ 25 a. 2). — b) Nach *hwæt* gehen die nicht zahlreichen kurzsilbigen, wie *til* tüchtig, *sum* irgend ein, *ʒlæd* froh (§ 8, 1), *blæc* schwarz (§ 8, 1), composs. auf *-sum* (-sam) und *-lic* (-lich). — c) Nach *háliʒ* gehen die ableitungen auf *-iʒ* (*éadiʒ* glücklich, *moniʒ* etc.), auf *-el*, *-ol* (z. b. *micel*, *lýtel*, *sweotol* deutlich), auf *-er*, *-or* (z. b. *fæʒer*, *snotor*), auf *-en* (z. b. *ʒylden* golden, *íren* eisern); ferner die participia praeteriti (z. b. *ʒcholpen*, *ʒenered*).

Anm. 1. Das *-um* des d. sg. masc. und des d. pl. geht später in *-un*, *-on*, *-an* über (vgl. § 44 a. 1). — Der n. a. pl. neutr. wird spätws. gewöhnlich durch die form des masc. (*ʒóde*, *hwate*, *hálʒe*) ersetzt, bisweilen zeigen aber spätws. auch die langsilbigen die endung *-u* (*ʒódu*). — In den *r*-casus zeigen die einsilbigen spätws. öfter mittelvocal (*ʒódera*, *sumera* etc.)

Anm. 2. *héah* zeigt gegen die regel formen mit assimiliertem *h*, so a. sg. m. *héanne*, g. d. sg. fem. *héarre*, g. pl. *héarra* (daneben seltener *héane*, *héare*, *héara* und ganz selten *héahne*, *héahre*, *héahra*), dagegen g. sg. m.

héas, d. pl. *héam* und *héaum*. — Bei *héah* und ähnlichen adjj. erscheinen
später oft formen mit innerem *ᵹ* (*héaᵹes*, *wóᵹes*, *wóᵹum* etc.).

Anm. 3. Bei den mehrsilbigen findet hinsichtlich der synkope des
mittelvocals vielfach schwanken statt. Die par tt. pract. auf *-en* haben nur
selten synkope, also *ᵹeholpene* etc. — Bei kurzsilbigen wird nach § 20 ᵇ
alter mittelvocal der regel nach nicht synkopiert, also *sweotoles*, *ᵹenerede*.
— Nach § 25 ᵇ wird später statt acc. sg. *ᵹyldenne*, g. pl. *fæᵹerra* etc. oft
ᵹyldene, *fæᵹera* geschrieben.

§ 68. Die *jā̊-*, *jƀ̊-stämme*. Die nicht zahlreichen kurz-
silbigen wie *mid* medius (alts. *middi*), *nyt* nützlich, *ᵹesib* ver-
want, flectieren wie die langsilbigen *ƀ̊-stämme* auf doppel-
consonanten (vgl. *ᵹrim* § 67 a), also *mid*, g. *middes*, *midre*.

Die langsilbigen unterscheiden sich von den langsilbigen
reinen *ƀ̊-stämmen* nur dadurch, dass sie im‘ n. sg. masc. und
n. a. sg. ntr. auf *-e* ausgehen, z. b. *ᵹréne* grün (alts. *grôni*), ferner
haben sie im n. sg. fem. und n. a. pl. ntr. die endung *-u*, *-o*, also
ᵹrénu, *-o*. Die übrigen casus werden gebildet wie von *ᵹód*,
also g. sg. *ᵹrénes*, *ᵹrénre* (alts. *grônies*, *grôniero*), a. sg. masc.
ᵹrénne (alts. *grônian*), a. sg. f. *ᵹréne* (alts. *grônia*). — Weitere
beispiele *blîðe* freundlich, *swéte* süss, *céne* kühn, *yrre* erzürnt,
séfte sanft, *niwe* neu; mehrsilbige auf *-ihte* (z. b. *stánihte*
steinicht), auf *-bǽre* (z. b. *wæstmbǽre* fruchtbar). Ferner ge-
hören hierher alle participia praesentis, z. b. *ᵹifende* gebend,
sealfiende.

Anm. 1. Das ursprünglich hierher gehörige kurzsilbige *frío*, *fréo* frei
(st. *frija-*) hat gewöhnlich die contrahierte form des n. sg. auch in den
übrigen casus, z. b. g. d. sg. fem. *fréore*, a. sg. masc. *fréone*, n. a. pl. *fréo*;
doch kommen auch formen ohne contraction vor, z. b. g. *friᵹes*, d. *friᵹum*,
n. a. pl. *friᵹe*.

Anm. 2. Wörter wie *sýfre* sauber, *fǽcne* sündig, die *r* oder *n* mit
vorhergehendem consonanten haben, schieben vor dem *r*, *n* einen vocal
ein, wenn ein ungleicher consonant folgt: *sýferne*, *fǽcenra*, dagegen a. sg.
fǽcne (< *fǽcnne*), g. pl. *sýfra* (< *sýfrra*). — Wörter auf *-nne*, wie *þynne*
dünn, nehmen im a. sg. kein weiteres *n* an: *þynne* (statt *þynn-ne*).

Anm. 3. Zu *séfte*, *swéte* heisst das adv. *sôfte*, *swôte*. Dagegen haben
die übrigen advv. den umlaut und sind also den adjectiven gleich, z. b.
adj. und adv. *dyrne* verborgen (aber alts. adj. *derni*, adv. *darno*).

§ 69. Die *wₐ̆-*, *wā̊-stämme*. Wörter mit vocal oder
diphthong vor dem *w* behalten das letztere in allen formen,
weichen also von der flexion der reinen *ā̊-, ō̊-stämme* nicht
ab; z. b. *sláw* stumpf, *ᵹléaw* klug, *réow* wild, *rów* sanft.

Dagegen die wörter mit consonant vor *w* vocalisieren dieses

im auslaut zu -*u*, -*o*, (-*a*), vor consonantischer endung zu -*o;*
z. b. *ʒearu* bereit, *nearu* eng, *ʒeolu* gelb, *basu* braun. Die
flexion ist also:

Sg.			Pl.	
N. ʒearu, -o			NA. *m.* ʒearwe *n.* ʒearu *f.* ʒearwa, -e	
G. ʒearwes	ʒearore		G. ʒearora	
D. ʒearwum	ʒearore		D. ʒearwum	
A. *m.* ʒearone *n.* ʒearn *f.* ʒearwe				
I. ʒearwe				

Anm. 1. Das pl. tantum *féawe* (wenige) hat neben sich die contra-
hierte form *féa*, d. *féawum* und *féam (féaum)*. — Auch in *wéa* (leidvoll)
ist vielleicht ein *w* durch contraction geschwunden.

Anm. 2. Zwischen consonant und *w* steht oft ein mittelvocal,
z. b. *ʒearuwe*, *ʒearowe*, *ʒearewum*. Später wird öfter die form *ʒearuw*
als nominativ gebraucht und danach auch *ʒear(u)wra* etc.

B. Schwaches adjectivum.

§ 70. Die schwache declination der adjj. ist dieselbe wie
die der substantiva, also n. sg. masc. *ʒóda*, neutr. fem. *ʒóde*, g.
sg. *ʒódan* etc. (wie *ʒuma* § 58). Nur wird der g. pl. gewöhn-
lich durch die form des starken adj. ersetzt, also *ʒódra* (seltener
ʒódena).

Anm. 1. Im d. pl. tritt hier die endung -*an* (*ʒódan* statt *ʒódum*)
früher und öfter ein, als beim subst. (§ 44 a. 1) und st. adj. (§ 67 a. 1). —
Auch in den g. pl. und n. sg. dringt später vereinzelt die allgemeine endung
der schw. decl. -*an* ein.

Anm. 2. In einigen wörtern finden sich contractionen, so zu *wóh*,
héah (§ 67 ᵃ) n. sg. *wó*, *héa*, g. *wón*, *héan* etc.

Anhang. Comparation.

§ 71. Comparativ und superlativ werden im ags. regel-
mässig gebildet auf -*ra*, -*ost* (-*ust*, -*ast*), entsprechend dem got.
-*óza*, -*ósts*, also keinen umlaut wirkend; z. b. *earm*, *earmra*,
earmost; *fæʒer*, *fæʒerra*, *fæʒerost*; *ʒearo*, *ʒearora*, *ʒearwost*; *hwæt*,
hwætra, *hwatost* (§ 8, 1).

Anm. 1. Nur wenige adjectiva bilden die steigerung auf -*ra*, -*est*
(daneben -*ost*, -*ust*) mit umlaut der stammsilbe, also auf got. -*iza*, -*ists*
zurückgehend. So *eald*, *yldra*, *yldest*; *ʒeonʒ*, *ʒinʒra*, *ʒinʒest*; *sceort*
(kurz), *scyrtra*, *scyrtest*; *lonʒ*, *lenʒra*, *lenʒest*; *stronʒ*, *strenʒra*, *strenʒest*
und noch einige seltenere einzelfälle.

Anm. 2. Die *i*-steigerung mit synkope im superl. hat *héah* (vgl. § 67
a. 2), *hýrra* und *hýhra* (*héahra*), *hýhst* (*héahest*, *héahst*, *héhst* § 17 a. 2, spät
auch *híʒest*). Ebenso die zu den advv. *néah*, [*fore*] gehörigen superll. *nýhst*,
[*fyrst*?]. Erst spät findet sich auch in den andern *i*-superlativen synkope
(*ʒinʒst*, *yldst* etc.).

Anm. 3. Als adverbia des compar. und superlativs gelten endungslose formen auf -or, -ost, z. b. *stronʒor, stronʒost, earmor, earmost.*

§ 72. Die flexion des comparativs und superlativs ist die der s c h w a c h e n adjectiva. Im superl. ist stark allein die form des n. sg. (a. sg. neutr.), neben welcher aber auch die schwache form üblich ist, also n. sg. *yldest* und m. *yldesta,* f. n. *yldeste; earmost* und *earmosta, -e.* Das *o* des superl. wird bei antritt von endungen sehr häufig zu *e,* also *earmesta* neben *earmosta.*

Anm. 1. Nur selten kommen im superl. starke formen ausser dem n. sg. vor.

§ 73. U n r e g e l m ä s s i g e c o m p a r a t i o n findet sich bei: *ʒód* gut, *bet(e)ra, bettra* (adv. *bet), bet(e)st,* fl. *betsta;* zu *ʒód* auch *sélla, sélra* (alt und angl. *sǽlra;* adv. *sél), sélest;* — *yfel* böse, *wyrsa* (adv. *wyrs), wyrrest(a), wyrsta;* — *micel* gross, *mára* (adv. *má, mǽ), mǽst;* — *lytel* klein, *lǽssa* (adv. *lǽs), lǽst (lǽsest).*

Zu adverbien gehören: *fyrra, fyrrest (feor* fern); *néarra, nyhst (néah* nahe); *ǽrra, ǽrest (ǽr* früher); *furðra,* [*fyrst*?] (*fore* vor).

Anm. 1. Die meisten der zu adverbien und praepp. gehörigen adjectivischen steigerungsgrade zeigen eine abweichende superlativform mit *m*-suffix. Einfach -ma nur: *forma* der erste und *hindema* der hinterste, letzte. Sonst ist die bildung -mest. Z. b. *ytemest, útemest* (zu *úte* aussen, comp. *yterra, úterra); ymest* und *yfemest, ufemest* (zu *ufan* von oben, comp. *yferra, uferra); súðmest* (zu *súð* südlich, comp. *súðerra, syðerra); fyrmest* neben *forma* [und *fyrst?*] (zu *fore* vor) etc. — Zu adjectiven gehören *midmest (mid* medius), *lætemest (læt* spät).

Anm. 2. Unregelmässige comparativadverbia sind ferner: *ǽr* früher, *sið* später, *fyrr* entfernter, *lenʒ* länger, *séft* sanfter, *yð* leichter.

Cap. III. Die zahlwörter.

1. Cardinalzahlen.

§ 74. 1. *án* flectiert als starkes adj. nach *ʒód* (§ 67), hat aber umlaut im a. sg. m. *ǽnne* (north. etc. verkürzt *enne*) und im instr. *ǽne;* jünger auch *ánne,* bez. *áne.* Die pluralformen bedeuten 'einzig' oder 'einzeln' (*ánra ʒehwylc* jeder), die schwache flexion 'solus'. — 2. n. a. masc. *twéʒen* (dial. *twǽʒen, twǽʒen,* north. *twǽʒe),* neutr. *tú, twá,* fem. *twá;* g. *twéʒ(e)a, twéʒra;* d. *twǽm, twám.* — 3. n. a. masc. *þrí, þríe (þrý),* neutr. und fem. *þréo;* g. *þréora;* d. *þrim, þrím.*

Anm. 1. Wie *twéʒen* flectiert *béʒen* (alt und angl. *báʒen*) beide, neutr. *bú*, fem. *bá*, g. *béʒ(r)a*, d. *bǽm*, *bám* (north. g. *báʒa*, d. *bǽm* nnd *bǽm*).

§ 75. Die zahlen 4—12 (*féower*; *fíf*; *six, syx, seox*; *seofon, -an*; *eahta*; *niʒon*; *týn*; *endleofan, -lufon, -lyfon, ellefan*; *twelf*), sowie die mit *-téne, -týne* componierten 13—19 (z. b. *priténe, fiftýne* etc.) werden bei attributivem gebrauch der regel nach nicht flectiert. — Stehen sie allein, so bilden sie flectierte formen nach der *i*-decl., z. b. na. *fífe* (neutr. *fífu, -o*), g. *fífa*, d. *fífum*.

§ 76. Die zehner von 20—60 (*twéntiʒ, twentiʒ; prítiʒ, prittiʒ; féowertiʒ; fíftiʒ; sixtiʒ*) und die von 70—120 (*hundseofontiʒ, hundeahtatiʒ, hundniʒontiʒ, hundtéontiʒ, hundendleofuntiʒ, hundwelftiʒ*) sind substantiva und werden mit dem gen. verbunden, doch werden sie bald auch adjectivisch gebraucht. Sie bilden den g. *-tiʒra, -tiʒa*, d. *-tiʒum*, daneben aber auch g. auf *-es* (*fíftiʒes*). Später werden sie indeclinabel.

§ 77. 100 wird neben *hundtéontiʒ* auch durch die einfachen neutr. *hund* (*án hund*) und *hundred* bezeichnet. Die zahlen 200—900 werden meist mit *hund* gebildet (*tú hund, préo hund* etc.). Auch diese zahlen sind substantiva; doch werden sie auch adjectivisch gebraucht. Sie sind meist indeclinabel, besonders später; doch kommen auch casus vor (d. sg. *hunde*, d. pl. *hundum*; n. a. pl. *hundredu* und *hundred*).

§ 78. 1000 ist das subst. neutr. *púsend*, g. *púsendes*, pl. *púsendu, -o* u. *púsend*. Auch dieses wird später oft adjectivisch und indeclinabel gebraucht.

2. Ordinalzahlen.

§ 79. 1. *forma*; auch *formest, fyrmest*, [*fyrest?*] und *ǽrest* (alles schwach flectierende superlative, vgl. § 72). — 2. *óðer* (st. adj.) und *æfterra* (compar.).

Die übrigen ordinalia werden von den stämmen der cardinalzahlen gebildet und durchaus als schwache adjj. flectiert; z. b. *pridda* (alts. *thriddio*), *fífta, cahtoða, niʒoða, prítéoða* (*-teoʒoða*), *twentiʒoða* etc.

Cap. IV. Declination der pronomina.

§ 80. Ungeschlechtige pronomina der 1. u. 2. person.

I. person.

Sg.	ags.	alts.	got.
N. ic, ic	ic	ik
G. mín	mìn	meins
D. mé, me	mì	mis
A. mec, mé, mo	mi (mik)	mik

Dual.			
N. wit, wit	wit	wit
G. uncer	unkaro	ugkara
D. unc	unk	ugkis
A. uncit, unc	unk	ugk(is)

Plur.			
N. wé, we	wì (wê)	weis
G. úser, úre	úser	unsara
D. ús	ùs	uns(is)
A. úsic, ús	ùs	uns(is)

II. person.

	ags.	alts.	got.
N.	þu, þú	thû	þu
G.	þin	thin	þeina
D.	þé, þe	thì	þus
A.	þec, þé, þe	thì (thik)	þuk

Dual.			
N.	ʒit, ʒit	git	—
G.	incer	—	igqara
D.	inc	inc	igqis
A.	incit, inc	inc	igqis

Plur.			
N.	ʒé, ʒe, ʒie	gì (gê)	jus
G.	ćower	iuwar	izwara
D.	ćow	iu, eu	izwis
A.	ćowic, ćow	iu, eu	izwis

Anm. 1. Das reflexivpron. (got. *seina, sis, sik*) fehlt im ags. (und alts.) und wird durch das pron. der 3. person (§ 81) ersetzt.

Anm. 2. Von den stämmen der personalpronomina und des (ags. verlorenen) reflexivpronomens werden adjectivische possessivpronomina gebildet, welche als **starke** adjj. flectiert werden: *mín* mein, *þín* dein, *sín* (refl.) sein; *úre* und *úser* unser, *ćower* (north. *iuer*) euer. — Von *úre* haben die *r*-casus oft ein einfaches *r* (g. pl. *úra* etc.); von *úser* wird bei synkope *sr* zu *ss* assimiliert, also a. sg. *úserne*, aber g. *ússes*, d. *ússum* (statt *úsres úsrum*): das *ss* dringt oft auch in die andern casus, z. b. n. sg. *ússer*.

§ 81. Geschlechtiges pronomen der 3. person.

Sg.	*masc.*	*neutr.*	*fem.*	*masc.*	*neutr.*	*fem.*	m.	n.	f.
			ags.			alts.			got.
N.	hé, (he)	hit	héo, (hie, hì)	hê, hie	it	siu	is	ita	si
G.	his		hiere, hire, hyre	is	iro, -u; -a		is		izôs
D.	him		hiere, hire, hyre	im; imu	iru, -o		imma		izai
A.	hi(e)ne	hit	hie, hì, (héo)	ina	it	sia, sea, sie	ina	ita	ija

Plur.									
NA.	hie, (héo) hì (hiʒ)			sia, sea, sie; *neutr.* siu			eis; ins	ija	ijôs
G.	hiera, hira (hyra); heora			iro			izê		izô
D.	him, (heom)			im			im		im

§ 82. Einfaches demonstrativum 'der' (auch als bestimmter artikel und als relativpronomen gebraucht).

Sg.	*masc.*	*ntr.*	*fem.*	*masc.*	*ntr.*	*fem.*	m.	n.	f.
		ags.			alts.			got.	
N.	sé, se	þæt	séo	thê, thie	that	thiu	sa	þata	sô
G.	þæs		þære		thês	thëra, -o	þis		þizôs
D.	þæm, (þám)		þære	thëm; thëmu		thëru, -o	þamma		þizai
A.	þone	þæt	þá	thëna, thana	that	thea, thia, thie	þana	þata	þô
I.	þý; þon		—		—	thiu	—	þê	—

	ags.	alts.	got.		
			m.	*n.*	*f.*
Plur.					
NA. þá	*m. f.* thea, thia, thie; *n.* thiu		þai; þans	þô	þôs
G. þára, (þǽra)	thëro		þizê	þizô	
D. þǽm, (þàm)	thêm		þaim	þaim	

Anm. 1. Die eingeklammerten formen sind jünger. Andere in jüngeren texten vorkommende formen sind *séo* für den n. sg. masc. (ganz spät), *þœne* und *þane* im a. sg. masc., *þáre* im g. d. sg. fem.

Anm. 2. Die instrumentalform *þon* steht hauptsächlich bei comparativen (z. b. *þon má* mehr als das) und in adverbialen formeln (z. b. *bi þon* deswegen, *œfter þon* nachher).

§ 83. Zusammengesetztes demonstrativpron. 'dieser'.

a) Masc. neutr.

	ags.		alts.	
Sg. N. þés		þis	*thëse	thit(t)
G.	þis(s)es, þys(s)es		thëses, -as	
D.	þiosum; þis(s)um, þys(s)um		thësum(u), -un; -on	
A. þiosne, þisne, þysne		þis	thësan	thit(t)
I.	þýs, þis		—	thius
Pl. NA.		þás	thësa, -e	thius
G.	þissa, (þeossa), þiss(e)ra		thësaro	
D.	þiosum, þis(s)um, þys(s)um		thësun, -on	

b) Feminin.

	ags.	alts.
Sg. N. þéos		thius
G.	þisse, (þeosse), þiss(e)re	thësaro, (-a)
D.	þisse, (þeosse), þiss(e)re	thësaro, -a
A. þás		thësa
Pl.	*wie masc. und neutr.*	

§ 84. Interrogativpron. 'wer'.

Das substantivische fragepron. hat im westgerm. für masc. und fem. dieselbe form und bildet keinen plural.

	ags.		alts.		got.		
					m.	*n.*	*fem.*
N. hwá	hwæt	hwê, hwie	hwat	hvas	hva	hvô
G. hwæs		hwës		hvis		*hvizôs
D. hwǽm, hwàm		hwëm(u)		hvamma		hvizai
A. hwone	hwæt	hwëna, (hwane)	hwat	hvana	hva	hvô
I. —	hwý, hwi	—	hwî, hwiu	—	hvê	—

Anm. 1. Neben *hwone* (selten *hwane*) kommt besonders später auch *hwœne* vor. — Eine zweite form des instr. *hwon* (*hwan*) steht nur in adverbialen formeln, eine dritte *hú* (alts. *hwô*) nur in der bedeutung 'wie'.

Anm. 2. Wie *hwá* geht auch das compos. *ʒehwá*, verstärkt *áʒhwá*, 'jeder'. Dieses bildet jedoch bisweilen einen g. d. sg. fem. *ʒehwǽre*. — Seltener ist *æthwá* (jeder). — Spätwests. ist das compos. *lócahwá, lóchwá* (wer auch immer).

§ 85. Die **pronominaladjectiva** (possessiva s. § 80 a. 1) weichen von der adjectivflexion meist nur dadurch ab, dass von ihnen keine schwachen formen gebildet werden; so bei *hwæðer* welcher von beiden, *hwilc* welcher, *swilc, swylc, swelc* solcher; *sum* irgend ein, *ælc* jeder, *æniʒ* 'ullus', *náhwæðer (náwðer, náðer)* 'neuter', *nán, næniʒ* 'nullus'. — Stark und schwach flectiert *sëlf (seolf, silf, sylf)* 'ipse'; nur schwach *sé ilca* 'idem' (erst spät kommen starke formen vor).

II. Abschnitt. Conjugation.

Cap. I. Die flexion der starken und schwachen verba.

§ 86. Die tafel links enthält die ags. starken verba, die tafel rechts die ags. schwachen verba und die alts. verbalflexion. Paradigmen sind:

A. für die **starken** verba: 1. *hëlpan* helfen (III. abl.) gibt die verbalendungen in der ags. form der ältesten quellen. — Die folgenden paradigmen zeigen die gemeinags. formen, und zwar: — 2. für die regelmässigen verba: *bindan* binden (III. abl.), *céosan* wählen (II. abl., mit grammat. wechsel und mit umlaut in der 2. 3. sg. praes.), *feallan* fallen (red. II, mit umlaut im praes.), *hebban* heben (abl. VI; mit *j*-praesens, § 87 a. 1ᵃ); — 3. für die verba mit contraction nach ausfall eines inlautenden *h* (vgl. § 88ᵈ): *téon* zeihen (abl. I), *téon* ziehen (abl. II), *séon* sehen (abl. V), *sléan* schlagen (abl. VI), *fón* fangen (red. I), sämmtlich im praet. mit grammat. wechsel.

B. für die **schwachen** verba: I schw. conj.: a) kurzsilbige: *nerian* retten (mit erhaltenem *j* nach *r* § 27), *fremman* fördern (mit westgerm. gemination § 25ᵇ und ausfall des *j*, § 27); — b) langsilbige: *déman* (alts. *dômian*) richten. — II schw. conj. *sealfian* (alts. *salvon, -oian*) salben.

Anmerkungen zur ags. verbalflexion.

1. Praesens.

a) **Indicativ.** 1. sg. Die endung *-u, -o* ist nur in den ältesten quellen und im angl. erhalten, sonst herscht durchaus *-e*. Vor enklitischem *ic* wird das *-e* bisweilen synkopiert, bes. *wénic* ich glaube, für *wéne ic.*

2. und 3. sg. Die ältesten endungen des st. v. und schw. v. I sind *-is, -ið*; gewöhnlich gilt, auch schon in den älteren quellen, *-es, -eð*; die

schw. v. II haben -as, -að; der 2. pers. ist gemeinags. durchaus t angetreten, also -est, -ast. Bisweilen verschmilzt die 2. sg. mit dem pron. der 2. pers., z. b. wén(e)stu, wénsðu (vgl. § 37 a. 4).

Bei den st. v. und langsilbigen schw. v. I. wird das e der endung häufig synkopiert, am regelmässigsten im wests., während dem angl. diese synkope fremd ist. Die stammauslautenden consonanten erleiden dabei z. t. veränderungen: vereinfachung der gemination (fylst, fylð § 25 a. 2); d wird gewöhnlich zu t vor s und verschmilzt mit ð (bintst, auch binst; bint § 36 a. 1, § 37 a. 4); ð wird nach consonanten stets unterdrückt (weorðan, wyrst, wyrð), nach vocalen fällt es vor ð oft aus und wird vor s zu t (sniðan, snitst, snið und sníðð); c und ʒ werden besonders in späterer zeit oft zu h (téhð § 40 a. 2, stihð § 41 a. 4). Das ð der 3. person wird nach s oft, vereinzelt nach anderen stimmlosen consonanten, zu t (cýst und cýsð).

Im plur. steht statt der endung -að vor enklitischem pron. wé, ʒé häufig -e: binde wé, binde ʒé (neben bindað wé, ʒé).

b) Optativ. Im pl. ist neben -en die endung -an gemeinags. sehr häufig, später auch -on und bisweilen -un, also z. b. binden, bindan (bindon, bindun). Die gleichen formen gelten für die adhortative form des imperativs (1. pl.). Vor wé und ʒé erscheint wie im indicat. -e (binde wé, ʒé).

c) Imperativ. Die 2. sg. ist bei den st. v. endungslos, bei den schw. v. I hat sie die endung -e (älter -i), welche bei langsilbigen nach § 10 a. 2 geschwunden ist (nere, aber dém). Die schw. v. II haben die endung -a. Die st. j-praesentia (§ 87 a. 1ᵃ) stimmen zu den schw. v. I (hefe). — Die 1. pl. imper. stimmt zum pl. optat; die 2. pl. imp. zum pl. indic.

d) Infinitiv. Neben der endung -an findet sich in älteren (wests.) texten seltener -on. — Zum inf. gehört eine dativform (gerundium) auf -anne (tó bindanne), woneben in älteren texten auch -enne, -onne, in späten -ende (tó bindende) steht.

e) Participium praes. Ueber die flexion der partt. praes. als adj. ja-, jð-stämme s. § 68, die flexion der substantivierten partt. s. § 65. — Die gemeinags. form des part. ist -ende (selten -onde).

2. Praeteritum.

a) Indicativ. Die 2. sg. der st. v. endet auf -e, welches hie und da vor enklitischem þu abfällt (hulp þu für hulpe þu). Die 2. sg. der schw. v. endet in den ältesten quellen auf -des, gemeinags. ist -dest (wie -est in der 2. sg. ind. praes.).

Im plur. gilt -un (schw. v. -dun) nur in den ältesten quellen, gemeinags. ist -on, -don, woneben später häufig -an (bundan), selten -en (bunden) erscheint.

b) Optativ. Die endung des pl. -en (schw. v. -den) ist zunächst vom indic. scharf geschieden. Später greift aber das -on, -an des indic. auch in den opt. über. — Die 2. sg. der schwachen verba ist spätags. der 2. sg. indic. gleich (neredest statt nerede).

3. Participium praet.

Ueber die flexion der partt. pt. als adj. *a-ô*-stämme s. § 67ᶜ und anm. 3.
— Die einfachen verba bilden ihr part. pt. gewöhnlich mit der partikel
ʒe- (älter *ʒi-*): *ʒeholpen*, *ʒenered* etc. Doch finden sich auch noch formen
ohne *ʒe-*, namentlich beim st. verbum.

Cap. II. Die tempusstämme der starken und schwachen verba.

A. Starke verba.

§ 87. Die unterscheidung der tempusstämme geschieht
bei den st. v. durch vocalwechsel in der stammsilbe. Auch
die im gotischen noch reduplicierenden verba haben in den
übrigen germ. sprachen blossen vocalwechsel, sind also ablautend
geworden. Der vom ags. aus dem urgerm. übernommene vocal-
wechsel verteilt sich auf vier stämme, welche für die abwand-
lung der st. verba massgebend sind. Wir führen demgemäss
von jedem verbum vier formen an. Diese sind: 1) infinitiv,
dessen vocal für alle praesensformen gilt; 2) 1. und 3. sing.
ind. praet. (im westg. nur für diese formen); 3) plur. ind.
praet. (für alle übrigen formen des praet.); 4) part. praet.
(nur für diese form).

Anm. 1. Ausser dem vocalwechsel sind im ags. aus alter zeit noch
einige reste von consonantischen unterschieden zwischen dem stamme des
praesens und des praet. geblieben. Diese sind: •

a) Praesensstämme mit erweiternden suffixen. Das sind besonders
die praesensbildungen mit *j* (suffix *-jo-*), welche im praes. ganz wie die
schw. v. I flectieren und in vocalen und consonanten der stammsilbe alle
wirkungen eines folgenden *j* zeigen, während praet. und part. praet. davon
frei sind. Vgl. das paradigma *hebban* § 86. Solche verba sind vorhanden
in den classen abl. V (§ 93), abl. VI (§ 94), red. II (§ 97) und vielleicht
in abl. III (§ 91) a. 6. 8. — Reste anderer praesenserweiterungen bei *stondan*,
wæcnan (§ 94 a. 2. 3), *friʒnan* (§ 91 a. 8).

b) Durch grammatischen wechsel (s. § 24) ergeben sich bei einer an-
zahl von verben, deren stämme auf *h*, *s*, *ð* ausgehen, consonantische unter-
schiede zwischen den stämmen 1. 2 und 3. 4, indem letztere *ʒ* (*w*), *r*, *d*
statt des *h*, *s*, *ð* eintreten lassen, z. b. *céosan*, *céas*, *curon*, *coren*. Doch
haben manche verba diesen wechsel schon verwischt durch verallgemeine-
rung der einen von beiden formen; auch dringt der wechsel öfter in den
2. stamm vor, so besonders bei abl. VI (§ 94) und bei den red. v. (§ 95).

c) Consonantische abweichungen der praet. vom praesens bei einigen
red. verben, als reste der reduplication s. § 95 a. 1.

§ 88. Durch die speciell ags. vocalwandlungen sind die
stammvocale der st. verba noch mannigfaltiger geworden. In
betracht kommen folgende erscheinungen:

a) Der *i*-umlaut (§ 3) betrifft im praesens nur die 2. u. 3. sg. ind. und erscheint häufig in diesen formen; oft aber tritt aus den übrigen praesensformen der unumgelautete vocal ein: die umgelauteten formen sind besonders fest bei synkope des endungsvocals. — Der opt. praet. und die 2. sg. ind. praet. haben den umlaut schon ganz durch ausgleichung beseitigt, nur ganz vereinzelte fälle des umlauts, z. b. *hwyrfe* (statt gewöhnl. *hwurfe*), begegnen noch. — Im part. praet. zeigt in der ältern sprache der stammsilbenvocal bisweilen *i*-umlaut, besonders bei verben auf -*aʒ*-, z. b. *ʒesleʒen* neben später allein gültigem *ʒeslæʒen*, *ʒeslaʒen*.

Anm 1. Der *i*-umlaut in der 2. 3. sg. praes. ist am stärksten im wests. entwickelt, während das angl. ihn nicht kennt; die übrigen dialekte schwanken. Dem umlaut der 2. 3. sg. entspricht in den ablautsklassen III—V der alte wechsel zwischen *ë* und *i*: *hëlpe, hilp(e)st, hilpeð* (vgl. § 3 a. l); auch hier finden sich die ausgleichsformen *hëlpest, hëlpeð*.

b) Die brechung (§ 4) betrifft das *ë* im ganzen praesensstamme der abl. v. IIIᵇ (z. b. *wcorpan*), ferner das *a* in den red. v. II (z. b. *feallan, wealdan*) und im sg. praet. der abl. IIIᵇ.

c) *u*- und *o*-umlaut (§ 6) ist in den angl. dialekten häufiger, im wests. findet er sich nur sehr selten im praesens der abl. v. IV.), z. b. *beoran* für *bëran*. Doch weisen häufigere formen wie 2. sg. *bierest, byrest*, 3. sg. *biereð, byreð* vielleicht auf früheres *eo* im praesensstamm hin. — Ebenso tritt im praet. plur. der abl. v. I in den angl. dialekten gewöhnlich *eo, io* statt *i* ein, im wests. sind formen wie *driofon, dreofon* statt *drifon* (zu *drifan*) nur vereinzelt.

d) Contraction (§ 7 u. § 42) findet statt bei denjenigen verben, die *h* als endconsonanten der stammsilbe haben, im ganzen praesensstamme mit ausnahme der 2. 3. sg. ind. praes. und der 2. sg. imp.; vgl. die paradigmen § 86. — Praet. und part. praet. werden nicht betroffen, da sie durchaus *h* oder *ʒ, w* haben.

Anm. 2. Im angl. ist das *h* nur in der 2. sg. imp. erhalten; die 2. 3. sg. ind. praes. hat contractionsvocale unter verlust des *h*.

1. Die ablautenden verba.

§ 89. Klasse I: Got. *ei, ai, i, i*. Alts. *grîpan, grêp, gripun, gigripan; thîhan, thêh, thigun, githigan.*

Ags *i, á, i, i.* Beispiele: *grîpan, ʒráp, ʒripon (ʒriopon*

44 §§ 89—91. Ablautende verba I—III.

§ 88c), gripen, greifen; mit gramm. wechsel *sniðan, snuið, snidon,*
sniden schneiden; verba contracta (§ 88d) *wréon, wráh, wrizon,*
wrizen bedecken.

Anm. 1. In *risan* sich erheben ist der grammat. wechsel schon be-
seitigt: *rison, risen.*

Anm. 2. Die verba contracta dieser reihe sind nach dem praesens-
vocal *éo* (vgl. *téon* ziehen § 90) häufig in die II. klasse übergetreten, also
auch *wréon, wréah, wruzon, wrozen.* Ebenso *téon* (zeihen), davon part.
praet. ausser *tizen* und *tozen* auch mit i-uml. (§ 88a) *tyzen.* — *þéon*
(gedeihen) bildet in stamm 3 und 4 neben *þizon, þizen* und *þuzon, þozen*
auch nach kl. III *þunzon, þungen.*

§ 90. Klasse II. Got. *iu* (*ú*), *au, u, u.* Alts. *biodan, bód,*
budun, gibodan; tiohan, tôh, tuhun (tugun), gitogan; lúkan, lók,
lukun, gilokan.

Ags. *éo* (*ú*), *éa, u, o.* Beispiele: *béodan, béad, budon, boden*
bieten, *céowan, céaw, cuwon, cowen* kauen; mit gramm. wechsel
céosan, céas, curon, coren wählen; *séoðan, séað, sudon, soden*
sieden; contr. (§ 88d) *téon, téah, tuzon, tozen* ziehen; — *lúcan,*
léac, lucon, locen schliessen.

Anm. 1. Wie *lúcan* geht die minderzahl: *slúpan* schlüpfen, *scúfan*
schieben, *búzan* sich biegen, *smúzan* schmiegen, *súzan, súcan* saugen,
brúcan brauchen, *lútan* sich neigen, und noch einige.

Anm. 2. Von *scéotan* (schiessen) und *scúfan* ist das part. pt. öfter
sceoten, sceofen (§ 10 a. 3).

Anm. 3. Wie *téon* geht *fléon* (fliehen). Doch ist später das verbum
im praesens mit *fléozan* (fliegen) vermischt worden, mit dem es im praet.
und part. pt. gleichlautend war.

Anm. 4. *héofan* (klagen) hat im praet. *héof* (nach red. II), ebenso
hréowan (reuen) später auch *hréow.*

§ 91. Klasse III. Verba auf zwei consonanten: got. *i, a,*
u, u. Alts: a) *bindan, band, bundun, gibundan;* — b) *hëlpan,*
halp, hulpun, giholpan.

a) Verba auf nasal + cons. oder doppelnasal haben ags.
i, a (oder *o* § 8, 1c), *u, u.* Beispiele: *bindan, band* (bond),
bundon, bunden binden; *swimman, swam* (swom), *swummon,*
swummen schwimmen.

Anm. 1. Mit metathese des *r* (§ 25 a. 1) gehört hierher *yrnan* (altws.
iernan aus *rinnan) laufen, praet. *orn* und *arn* (später auch *carn*), part.
pt. *urnen.* Ebenso *beornan* brennen. Neben *yrnan* selten auch *rinnan,*
rann ohne metathese.

Anm. 2. Von *findan* kommt auch ein schw. pt. *funde* vor. — Zu *swin-*
zan part. pt. alt auch *sungen.* — Ueber *þunzon* zu *þéon* s. § 89 a. 2.

b) Verba auf *l* + cons. haben ags. *ë, ea* (auch *a,* § 8 a. 6), *u, o*; verba auf *r* oder *h* + cons. haben *eo, ea, u, o*. Vgl. § 88b.

Beispiele: *hëlpan, healp* (*halp*), *hulpon, holpen* <u>helfen</u>; *swëllan, sweal(l), swullon, swollen* <u>schwellen</u>; — *weorpan, wearp, wurpon, worpen* werfen; *fcohtan, feaht, fuhton, fohten* <u>fechten</u>; mit gramm. wechsel *weorðan, wearð, wurdon, worden* werden.

Anm. 3. Ferner gehören hierher verba auf andere zweifache consonanz: a) *s* + cons. mit metathesis des *r* (§ 28 a. 1): *bërstan, bærst, burston, borsten* brechen, ebenso *þërscan* dreschen; b) *zd: brëzdan, brœzd, bruzdon, brozden* schwingen (auch *brédan, bréd* etc. nach § 41 a. 3); ebenso *strëzdan* (*strédan*), doch häufiger schwach praet. *strezde* (*strédde*).

Anm. 4. Mit palatal anlautende, wie *zillan* (gellen), *zildan* (gelten) haben im ganzen praesens *i* (oder *y*, altwests. *ie*) nach § 9, 2ᵈ.

Anm. 5. Die auf *lc, lh* haben im praes. *eo* (§ 9, 2ᵃ): *meolcan* melken; aus *feolhan* wird nach § 42ᵇ im praes. *féolan* (verbergen, got. *filhan*), praet. *fealh*, neben *fulzon* häufiger *félon*, part. pt. *folen* (nach *stëlan* § 92).

Anm. 6. *zyrran*, praet. pl. *zurron* (knarren) hat wol *j*-praesens (vgl. § 87 a. 1ᵃ).

Anm. 7. *murnan* trauern (*mearn, murnon*) hat abweichenden praesensvocal. Ebenso *spurnan, spornan* treten.

Anm. 8. *friznan* (erfragen [für *friznjan*: urspr. *nj*-praesens], got. *fraihnan, frah*, alts. *frëgnan, fragn* und *frang*) hat im praes. *i*; praet. *frœzn, fruznon, fruznen*. Daneben (nach § 41 a. 3) auch *frinan, frœzn, frunon, frunen*; von *frinan* aus tritt auch nach abl. I (§ 89) praet. *frán*, seltener pl. *frinon*, part. *frinen* ein. Statt *frœzn, fruznon* selten auch *frenz, frunzon*.

§ 92. <u>Klasse IV</u>. Got. *i, a, ê, u*. Alts. *stëlan, stal, stâlun, gistolan*.

Ags. *ë, œ, á, o*. Hierher verba auf *l, r*, z. b. *stëlan, stœl, stǽlon, stolen* stehlen; *bëran, bœr, bǽron, boren* tragen; ferner *brëcan, brœc, brǽcon, brocen* brechen.

Anm. 1. Besondere abweichungen zeigen zwei verba auf *m*: *niman, nóm, nómon* (spät auch *nam, námon*), *numen* nehmen; *cuman, c(w)óm, c(w)ómon, cumen* (auch *cymen* § 88ᵃ); der praesensstamm erscheint öfter mit *y*, besonders der opt. praes. (*cyme* neben *cume*).

Anm. 2. *sceran* (altwests. *scieran*), *scear, scéaron* (auch *scœr, scéron*), *scoren* scheren (mit einwirkung des *sc* s. § 5ᵇ).

Anm. 3. Ueber *u-*, *o*-umlaut in klasse IV und V s. § 88ᶜ.

§ 93. Klasse V. Got. *i, a, ê, i*. Alts. *gëban, gaf, yâbun, gigëban*.

Ags. *ë, œ, ǽ, ë*. Verba auf einfachen consonanten (ausser *l, r, m*), z. b. *mëtan, mœt, mǽton, mëten* messen; mit gramm. wechsel *cwëðan, cwœð, cwǽdon, cwǽden* sprechen; contr. (§ 88ᵈ) *ʒe-féon, ʒefeah, ʒefáʒon* sich freuen; mit *j*-praesens (§ 87 a. 1ᵃ) *biddan, bǽd, bǽdon, bëden* bitten.

A n m. 1. *lēsan* (lesen), *ʒenēsan* (genesen) haben den gramm. wechsel verloren, den nur das defective *wēsan* (§ 195) noch zeigt.

A n m. 2. *ʒifan*, (geben), *ʒeaf*, *ʒéafon*, *ʒifen* und ebenso *-ʒitan* (erlangen) mit den durch *ʒ* hervorgerufenen abweichungen (s. § 5 ᵇ).

A n m. 3. Zu *ētan* (essen), *frētan* (fressen) ist der sg. pt. *ǽt, frǽt.*

A n m. 4. Wie *ʒeféon* noch *pléon* (wagen) und *séon* (sehen). Letzteres mit *w* im 3. und 4. stamm (vgl. das paradigma § 86), doch findet sich neben *sáwon* auch *sáʒon*, nebeu part. *sëwen* auch *sawen.*

A n m. 5. Verba mit *j*-praesens sind noch: *licʒean* liegen, *sittan* sitzen, *picʒ(e)an* nehmen, *fricʒ(e)an* erfahren. Zu *picʒean* ist das praet. *pah, peah, pǽʒon, ʒepëʒen*; zu *fricʒean* nur part. *ʒefrëʒen, -friʒen -fruʒen* (vgl. *friʒnan* § 91 a. 8).

A n m. 6. Im pl. praet. steht *láʒon* neben *lǽʒon* zu *licʒean* (§ 11 a. 1), ebenso *wáʒon* und *wǽʒon* zu *wēʒan* (tragen; töten).

§ 94. K l a s s e VI. Got. *a, ô, ô, a.* Alts. *faran, fór, fórun, gifaran; slahan, slôg, slógun, gislagan; hebbian, hóf, hôbun, gihaban.*

Ags. *a, ó, ó, a* (und *œ*, s. § 8, 1). Beispiele: *faran, fór, fórón, faren* gehen; contr. (§ 88 ᵈ) *sléan, slóʒ, slóʒon, slaʒen* (und *slæʒen*, auch *sleʒen* § 88 ᵃ) schlagen; mit *j*-praesens (§ 87 a. 1 ᵃ) *hebban, hóf, hófon, hafen (hæfen)* heben.

A n m. 1. *weaxan* (wachsen) hat im praet. (nach red. II) *wéox* (north. *wóx*); ebenso von *spanan* (verlocken) statt *spón* später *spéon* (und danach auch praes. *spannan).*

A n m. 2. Zum praet. *wóc* gehört das praes. *wæcnan* (erwachsen).

A n m. 3. *stondan, standan* (stehen) bildet das praet. ohne *n*: *stód, stódon*, aber part. *stonden.*

A n m. 4. Wie *sléan* (vgl. das paradigma § 86) noch *fléan* schinden, *léan* tadeln, *pwéan* waschen.

A n m. 5. Verba mit *j*-praesens sind ausser *hebban* (vgl. d. paradigma § 66): *swerian, swer(i)ʒ(e)an* schwören, *hlihhan, hlyhhan* (§ 8, 2ᵃ) lachen, *stæppan* gehen, *sceððan* (auch *sceaðan*) schädigen, *scippan, scyppan* (§ 8, 2 ᵇ) schaffen. — Pract. mit gramm. wechsel: *hlóh, hlóʒon* und *scód* (auch *sceod* nach *sc*), *scódon*, daneben schwach *scedde*. Part. zu *swerian* mit *o*: *sworen* (auch *swáren*).

2. Die reduplicierenden verba.

§ 95. Im gotischen gibt es a) reduplicierende verba ohne vocalwechsel, z. b. *haitan, haíhait, haíhaitum, haitans* heissen; *aukan, aíauk, aukans* vermehren; — b) ablautend-reduplicierende verba, z. b. *lêtan, laílôt, lêtans* lassen, *saian, saísô, saians* säen. In den übrigen germanischen sprachen sind die reduplicierenden praeterita durch contraction verkürzt, so dass sie sich nur noch durch den vocalwechsel vom praesens scheiden. Da für das ganze praet. derselbe vocal gilt und der vocal des part. pt. dem praesensvocal gleich ist, so wird (ebensowie bei den abl. v. VI) durch zwei stammformen, infinitiv und sing. praet., die flexion des verbums gekennzeichnet.

Anm. 1. In den anglischen dialekten gibt es bei 5 verben noch formen, welche den stamm des praet. vom praesens ausser durch den vocalwechsel auch noch durch einen consonanten unterscheiden, durch den auf die alten reduplicationsformen deutlich hingewiesen wird: *heht* zu *hátan* heissen (got. *haihait*), *reord* zu *rǽdan* raten (got. *rairóþ*); *leolc* zu *lácan* springen (got. *lailaik*), *leort* zu *lǽtan* lassen (got. *lailót*) und (on)*dreord* zu (on)*drǽdan* fürchten. Aus den dialekten sind diese formen auch in die poetischen denkmäler übergegangen. Im wests. begegnet von ihnen nur spärlich *heht* (neben *hét*).

§ 96. **Klasse I.** Vocal des praet. *é* (*e*): a) verba mit praesensvocal *ǽ*: *lǽtan, lét, léton, lǽten* lassen (alts. *lâtan, lêt*); *slǽpan* schlafen, (on)*drǽdan* fürchten; — b) mit praesensvocal *á* (got. *ai*): *hátan, hét, héton, háten* heissen (alts. *hêtan, hét*); *lácan* springen, *scádan* (auch *scéadan*), *scéd* (und *scéad*) scheiden.

Anm. 1. Kurzes *e* hat wol *blandan* (*blondan*) mischen, pt. *blénd*; ferner die verba contr. *fón* (s. paradigma § 86) fangen, *hón* hangen aus *fanhan, *hanhan § 117, § 30 a. 1), praet. mit gramm. wechsel *féng, héng*, part. *fángen, hángen*.

Anm. 2. *rǽdan* raten (angl. *reord* § 95 a. 1) ist wests. schwach; *rǽdde, gerǽdd* (selten *réden*). Auch zu *slǽpan, -drǽdan* begegnen schw. *slépte, drǽdde*.

Anm. 3. Zu *hátan* (nennen, heissen) gehört als 1. 3. sg. intrans. ps. und pt. *hátte* (ich werde genannt, heisse), der einzige rest des got. mediopassivs (*haitada*). Dazu pl. 1. 2. 3 *hátton*.

§ 97. **Klasse II.** Vocal des praet. *éo*: a) verba mit praesensvocal germ. *a* vor *l, n* + cons., z. b. *healdan, héold, héoldon, healden* (alts. *haldan, held*) halten, *feallan* fallen, *spannan* (*sponnan*) spannen, *gangan* (*gongan*) gehen etc.; — b) mit praesensvocal *éa* (got. *au*): *hléapan, hléop* (alts. *hlôpan, hliop*) laufen, *héawan* hauen, *béatan* schlagen, *áhnéapan* abpflücken; — c) mit *ó*, z. b. *hrópan, hréop* (alts. *hrôpan, hriop*) rufen, *hwópan* drohen, *blótan* opfern; — d) mit *áw* und *ów*, z. b. *cnáwan, cnéow* kennen, *þráwan* drehen, *wáwan* (got. *waian*) wehen, *sáwan* (auch *sáwan*, got. *saian*) säen; *blówan* blühen, *grówan* wachsen, *rówan* rudern, *spówan* gedeihen etc.

Anm. 1. Die verba unter a) gehören im alts. und ahd. zu klasse I
(vocal des praet. im alts. kurz *e*) und sind im ags. (bis auf die reste § 96
a. 1) zu kl. II übergetreten. Vor der doppelconsonanz ist das *eo* des
praet. vielleicht als kurz anzusetzen. — Die verba unter d) sind im alts.
(ahd.) zu den schw. v. I übergetreten. Im ags. hat *búan* (wohnen) nur
schw. pt. *búde, búede*; dazu auch schw. praes. *búian, búwian*. Dagegen
besteht noch das st. part. *ʒebún, ʒebúen* (selten *býn*).

Anm 2. *ʒanʒan* (gehen) hat neben sich das anomale praes. *ʒán*
und im praet. das defective *éode* (s. § 108). Auch ein schw. praet. *ʒenʒde*
kommt vor.

Anm. 3. *swápan, swéop* (wegfegen) ist aus kl. I b hierher übergе-
treten; über *weaxan* und *spanan* s. abl. VI (§ 94 a. 1).

Anm. 4. Bei den verben unter d) tritt im praet. gelegentlich con-
traction ein, z. b. *réon* (statt *réowon*) zu *rówan*.

Anm. 5. Ein *j*-praesens (§ 87 a. 1 a) ist *wépan, wéop* (alts. *wôpian,
wiop*) weinen; so vielleicht noch *hwésan* keuchen.

B. Schwache verba.

§ 98. Bei den schwachen verben ist zu unterscheiden:
1) der stamm des praesens, 2) der stamm des praeteritums,
3) der stamm des part. praet., welcher mit dem stamme des
praet. im wesentlichen übereinstimmt. Von den vier got.
klassen ist die vierte (inchoativa auf -*nan*) im westgerm. ver-
loren; im ags. (und alts.) ist auch die 3. got. ahd. klasse (stamm-
ausgang got. *ai*, ahd. *ê*) bis auf reste verschwunden, so dass
nur zwei klassen schwacher verba, entsprechend der got. ahd.
1. und 2. schwachen conjugation (stämme auf *ja*- und *ô*-) vor-
handen sind.

Zur flexion der schw. v. vgl. § 86 mit den paradigmen-
tabellen.

1. Erste schwache conjugation.

§ 99. Das praesens dieser überaus zahlreichen klasse
ist mit einem *j*-suffix gebildet, welches im got. und alts. (*nerian,
fremmian, dômian*) noch erhalten ist: nur vor dem *i* der 2. 3.
sg. ind. und 2. sg. imp. war das *j* geschwunden (alts. *neriu*, aber
neris, nerid, neri). Im ags. ist das *j* nach consonanten ge-
schwunden, nur nach *r* bei kurzer stammsilbe ist es erhalten
(vgl. § 27), also *nerian* (graphische nebenformen *nerʒan, neriʒan,
neriʒean*) retten; ebenso *werian* wehren, *byrian* gebühren etc.
Seine spuren hinterlässt das *j*: 1) im *i*-umlaut, der den ganzen
praesensstamm betrifft, z. b. *déman* (alts. *dômian*) richten, *fyllan*

(alts. *fullian*) füllen, *hýran* (alts. *hôrian*) hören, *sendan* (alts.
sendian) senden etc.; — 2) in der palatalisierung eines vorher-
gehenden *c, ʒ*, welche nach § 39 a. 2 vor *a, o* oft durch die
schreibung *ce, ʒe* bezeichnet wird, also *þenccan, þencan* (alts.
thenkian) denken, *hnǽʒ(e)an* (westgerm. *hnaigjan*) neigen. —
3) Bei den ursprünglich kurzsilbigen hat nach § 25ᵇ das *j*
gemination des vorhergehenden einfachen consonanten (ausser *r*)
hinterlassen, welche im ganzen praesensstamm steht ausser
in der 2. 3. sg. ind. und 2. sg. imp., z. b. *tellan* erzählen (got.
taljan), *telle, aber telest, teleð*: ebenso *fremman* fördern, *wec-
c(e)an* wecken, *wecʒ(e)an* bewegen, *þennan* (got. *þanjan*) dehnen,
settan setzen, *hlynnan* brüllen, ableitungen auf -*ettan* (z. b.
bliccettan blitzen). *stellan*

Anm. 1. Die scheidung der ursprünglich kurzsilbigen in solche mit
gemination (*fremman* etc.) und solche mit *ri* (*nerian* etc.) wurde schon
früh dadurch gestört, dass die geminierenden auch nebenformen nach *nerian*
entwickelten. So erscheinen formen wie *fremian, þenian* vielfach neben
fremman, þennan etc.

Anm. 2. Der wechsel zwischen gemination und einfachem conso-
nanten bei den kurzsilbigen wird später oft dadurch gestört, dass die
gemination auch in die 2. 3. sg. ind. eindringt, also *tellest, telleð* statt
telest, teleð.

Anm. 3. Nach § 18 a. 2 fehlt der umlaut bisweilen bei *éo*; so steht
neben *lýhtan* leuchten, *trýwan* glauben, *ýwan* (altws. *iewan*) zeigen, *léohtan,
tréowan, éowan* (daneben dial. *éawan*).

Anm. 4. Bei vorausgehendem vocal oder diphthong ist entweder
das *j* des praesenssuffixes ganz geschwunden und contraction von stamm
und endung eingetreten, wie in *héan* erhöhen (aus *hiehan* zu *héah*), *týn*
lehren, *þýn* drücken; oder es ist intervocalisch als *ʒ* erhalten: so in *ciʒan*
rufen (altws. *ciéʒan* aus *kaujan*) und (poet.) *héʒan* ausführen (aus *hau-
jan*, altn. *heyja*). In beiden fällen ist im wests. der praesensstamm auch
für das pract. massgebend: *héade — ciʒde* (doch poet. *héde*).

Anm. 5. Verba auf *rw, lw*, wie *ʒyrwan* (älter *ʒierwan*) bereiten,
wylwan (*wielwan*) wälzen, verlieren ursprünglich ihr *w* in der 2. 3. sg. ind.
praes. und in der 2. sg. imp. (desgl. im pract.) und flectieren also: *ʒyrwe,
ʒyrest, ʒyreð, ʒyrwað*; imp. *ʒyre* (praet. *ʒyrede*). Doch treten bald um-
bildungen ein, indem meist das *w* ganz durchgeführt (*ʒyrwest, ʒyrwede*),
oder auch ganz getilgt wird. S. auch die fg. anm.

Anm. 6. Viele verba dieser klasse haben, besonders in der späteren
sprache, nebenformen nach der 2. schwachen conjugation. Besonders häufig
ist dieser übertritt spätags. bei der kurzsilbigen mit erhaltenem *i* (*nerian*)
und den nach anm. 1 danach umgebildeten wie *fremian, þenian*, welche dann
flectieren *nerast, fremast* (pract. *nerode, fremode*). Ferner ist dies häufig
bei den verben auf *rw, lw* (anm. 5), also z. b. neben *wylwan* später auch

wylian und *wylwian* (*wylode*, *wylwode*). Auch die auf cons. + *n*, *r*, *l* ausgehenden, wie *hynʒran* (hungern) haben später auch *hynʒrian* u. dgl.

§ 100. Das praeteritum der schw. v. I, welches im got. durchaus auf *-ida* gebildet wird, zeigt im ags. eine dreifache bildungsweise:

a) Bei der mehrzahl der kurzsilbigen (auf *ri*, *mm*, *nn*, *ss*, *ðð*, *bb*, *cʒ*) ist unsynkopiertes *-ede* (got. *-ida*) mit einfachem cons. die regel, also *nerian — nerede*, *þennan — þenede*, *cnyssan* (stossen) — *cnysede*, *swebban* (einschläfern) — *swefede*, *wecʒ(e)an — weʒede*.

b) Das *e* der mittelsilbe (got. *i* in *-ida*) wird synkopiert, wirkt jedoch umlaut (§ 19 a. 2). Das ist regelmässig der fall bei sämmtlichen langsilbigen (§ 20 b), also *déman — démde*, *hýran — hýrde*, *fyllan — fylde*, *ýcan* (vermehren) — *ýcte* etc. Ferner folgen dieser bildung von den kurzsilbigen *lecʒ(e)an* (legen) — *leʒde* (auch *léde* § 41 a. 3) und alle auf *d* und *t*, z. b. *hreddan* (retten) — *hredde*, *settan* (setzen) — *sette*.

c) Eine anzahl verba bildete schon urgerm. das praet. ohne mittelvocal *i*. Diese verba haben daher im ags. keinen umlaut im praet. und bei auslautendem guttural ist die verbindung *ht* aus dem urgerm. übernommen. Hierher gehören alle kurzsilbigen auf *l* und *c*, z. b. *tellan* (erzählen) — *tealde*, *cwellan* (töten) *cwealde*, *þecc(e)an* (decken) — *þeahte*, *wecc(e)an* (wecken) — *weahte*. Ferner mehrere langsilbige auf *c*, wie *séc(e)an* (suchen) — *sóhte*, *réc(e)an* (sich kümmern) — *róhte*, *tǽcean* (lehren) — *tǽhte*; und die auch im got. so gebildeten *bycʒean* (kaufen) — *bohte* (got. *baúhta*), *wyrcean* (arbeiten) — *worhte* (got. *waúrhta*), *þencean* und *þyncean* — *þóhte*, *þúhte* (got. *þâhta*, *þúhta*, vgl. § 30 a. 1); hierher auch das praet. *bróhte* (got. *bráhta*) zu dem st. praes. *brinʒan* (auch schwach *brenʒean*).

Anm. 1. Auch bei den unter a) angeführten kurzsilbigen praett. auf *-ede* wird gelegentlich das *e* synkopiert, z. b. *cnysde* st. *cnysede*; später wird bisweilen der doppelcons. des praes. ins praet. übertragen, z. b. *cnyssede*. Die form auf *-ede* nehmen von den langsilbigen häufig die auf cons. + *n*, *l*, *r* an, z. b. *efnan* (ausführen) — *efnede*, *eʒlan* (quälen) — *eʒlede*, *hynʒran* (hungern) — *hynʒrede*. Daneben vielfach schwankend *efnde*, *eʒlde*, (*hynʒerde*) und zu *nemnan* (nennen) — *nemde*. — Ferner haben *-ede* die langsilbigen auf *lw*, *rw* (vgl. § 99 a. 5): *ʒyrede*, *wylede*. Für alle diese *-ede* tritt spätags. gern *-ode* mit übertritt zu den schw. v. II ein, der sich dann auch aufs praes. erstreckt (vgl. § 99 a. 6).

Anm. 2. Bei den synkopierten praett. unter b) treten gewisse assimilationen ein : *-de* wird meist zu *-te* nach stimmlosen consonanten, z. b. *ʒrétan* — *ʒrétte, scencan* — *scencte, cyssan* — *cyste* (aber bei einfachem *s*: *lýsan* — *lýsde* etc.); — *ȏd* bleibt zunächst, wird aber später *dd*, z. b. *cýȏan* — *cýȏde, cýdde*; — das *d* geht verloren nach cons. + *t, d,* z. b. *éhtan* — *éhte, sendan* — *sende.*

Anm. 3. Von den verben unter c) haben die auf *-ecc-*, wie */eccan, treccan* im praet. auch *þehte, wehte*, welche form später herschend wird.

— Neben *téhte* zu *técan, réhte* zu *réc(e)an* (reichen) steht spät bisweilen *táhte, ráhte.* Das comp. *forwyrcan* hat spätags. *forwyrhte,*

Anm. 4. Nach dem muster der verba unter c) nehmen auch solche auf *c*, die regelmässig ihr pract. nach b) bilden, öfters im praet. (und part.) *-ht* an, also z. b. *ýcan*: *ýcte (ʒeýced)* und *ýhte (ʒeýht), þrycc(e)an* drücken: *þrycte* und *þryhte.*

§ 101. Die stammform des participium praet. stimmt im wesentlichen mit der des pract., besonders hinsichtlich der form der consonanten. Das part. geht in der unflectierten form auf *-ed* aus bei den verben § 100 a, b, also *ʒenered, ʒefremed* und *ʒedémed, ʒehýred, ʒefylled.* Dagegen haben die verba § 100 c die unflectierte form ohne *e*, z. b. *ʒeteald, ʒeþcaht, ʒesóht, ʒeþóht, ʒeþóht, ʒeworht, ʒebróht* (daneben selten *brunʒen*).

In der flexion gelten für die letztgenannten verba die gleichen formen. Dagegen tritt bei den langsilbigen auf unfl. *-ed* (§ 100 b) regelmässig synkope ein wie bei *háliʒ* (vgl. § 67 c und anm. 3), also *ʒefylled, ʒefyldes, ʒefyldum, ʒefylledne.* Die kurzsilbigen in § 100 a haben keine synkope, also *ʒefremed, ʒefremedes.*

Anm. 1. Von *lecʒean* (§ 100 b) lautet die unflectierte form *ʒeleʒd* (*ʒeléd*). Ebenso wird strengwests. bei den verbis auf *t, d* die unflectierte form mit synkope gebildet, z. b. *ʒeset(t), áhred(d)* zu *settan, dhreddan,* oder *ʒeʒrét(t), ʒeléd(d)* zu *ʒrétan, léedan,* und ebenso vor consonantischer endung: *ʒeʒrétne, ʒelédne* etc. In der späteren sprache finden sich bisweilen auch andere unflectierte formen mit synkope. Vgl. auch § 100 a. 4.

Anm. 2. In den flectierten formen finden sich hinsichtlich des *e* ebenfalls schwankungen und abweichungen von der norm, besonders später; so z. b. wenn bei langsilbigen das *e* auch in die flectierte form übertragen wird (*ʒefyllede, ʒedémede* etc.).

2. Zweite schwache conjugation.

§ 102. Das praesens dieser klasse hat einen stamm auf *-ȏja-* zur voraussetzung, der im alts. noch vorliegt neben der im got. ahd. herschenden kürzeren form auf *-ó-* (alts. *scauwoign* und *scauwon*). Im ags. ist das *-ȏja-* in der regel zu *-ia-* (*-iʒa-, -iȡa-*) geworden, z. b. *sealfian, sealfiʒ(e)an; wundrian* (alts. *wundroian*) sich wundern, *fandian* (alts. *fandon*) versuchen.

4*

Im praeteritum und part. praet. ist der stammausgang *o*,
an welchen die suffixe *-de, -d* antreten: *scalfode, zescalfod.*
Die flexion s. in der tabelle § 86. Es ist dazu zu be-
merken, dass im praes. für *ie* sehr oft *iӡe*, ebenso für *ia* oft
iӡ(e)a geschrieben wird, also *scalfiӡe, scalfiӡ(e)aδ* etc.

Anm. 1. Die zahl der hierher gehörigen verba ist sehr gross; be-
sondere gruppen sind die ableitungen auf *-nian* (got. *-nôn*), z. b. *fæӡnian*
sich freuen (got. alts. *faginôn*), auf *-sian* (got. *-isôn*), z. b. *ricsian, rixian*
herschen, auf *-(e)cian*, z. b. *bedecian* bitten. Viele sind auch aus der frühe-
ren 3. schw. conj. hierher übergetreten, wie *polian* dulden (ahd. *dolên*),
hlinian lehnen (ahd. *hlinên*) etc.

Anm. 2. Das *i* im praesensstamm bildet noch eine selbständige
silbe; als aus *o* hervorgegangen wirkt es keinen *i*-umlaut; der gelegent-
lich davor auftretende *u-(o-)*umlaut, z. b. *hleonian* neben *hlinian* (§ 9, 2 ᵇ),
ist wol aus den andern flexionsformen, wie praet. *hlinode* übertragen.
North. finden sich neben formen mit *ia*, *iӡa* auch solche mit *oӡia, aӡe, eӡe.*

Anm. 3. Im praet. sg. findet sich statt *o* öfter der vocal *a* (*scalfade*),
seltener *u* und *e*; dagegen ist im plur. *e* häufiger (*scalfedon*); auch in den
flectierten formen des part. steht häufig *e* statt *o* (d. pl. *ӡescalfodum* und
ӡescalfedum).

Anm. 4. Bei einigen verben mit vocalischem ausgang (nach ausfall
von *h*) treten contractionen ein, z. b. *twéoӡan* (aus *ticehoian*, ahd. *zwëhôn*)
zweifeln, praes. ind. *twéoӡe, twéost, twéoδ*, praet. *twéode.*

3. Reste der dritten schwachen conjugation.

§ 103. Die meisten frühern angehörigen dieser klasse sind
in die 2. schw. conj. übergetreten (§ 102 a. 1), andere haben
doppelformen nach der 1. und 2. schwachen conj., z. b. *fylӡan*
— *fylӡde* und *folӡian* — *folӡode* folgen (ahd. *folgên*).
Am meisten spuren der alten flexion tragen an sich die
vier verba *habban, hæfde, ӡehæfd* haben; *libban, lifde, ӡelifd*
leben; *secӡ(e)an, sæӡde, ӡesæӡd* sagen, *hycӡ(e)an, hoӡde, ӡehoӡod*
denken. Charakteristisch ist für diese, dass sie im praet. *-de,*
im part. *-d* ohne mittelvocal anfügen, während der praesens-
stamm vorwiegend den charakter der 1. schwachen conj. trägt
(gemination des consonanten, bez. umlaut) und nur in der 2.
3. sg. ind., 2. sg. imp. die form der 2. schw. conj. zeigt. Es
flectiert also das praesens:

1. sg.	2. sg.	3. sg.	pl.	opt.	2. sg. imp.
hæbbe	hafast	hafaδ	habbaδ	hæbbe	hafa
libbe	li(o)fast	li(o)faδ	libbaδ	libbe	li(o)fa
secӡe	saӡast	saӡaδ	secӡ(e)aδ	secӡe	saӡa
hycӡe	hoӡast	hoӡaδ	hycӡ(e)aδ	hycӡe	hoӡa

A nm. 1. Manche verba, die sonst ganz nach der 2. schw. conj. gehen, erinnern nur noch durch ihr praet., welches ohne *o* gebildet wird, an die zugehörigkeit zu dieser klasse. So z. b. *trúwian* trauen (ahd. *trûěn*), *trúwde*; *plaჳian* spielen, *plæჳde* und *plaჳode*. Die verba *þréaჳ(e)an* (drohen), *sméaჳ(e)an* (denken), *fréoჳ(e)an* (befreien), *féoჳan* (hassen) gehen ganz wie *twéoჳan* § 102 a. 4. A nm. 2. Neben den oben angeführten ältesten formen der vier verba kommen vielfach umbildungen vor. Von *habban* lautet die 2. 3. sg. strengws. meist *hæfst*, *hæfð*, die 1. sg. in der poesie *hafu*, *-o*, *-a*. — Bei *libban* gehen neben den formen mit *bb* solche mit *fჳ* her (*lifჳan*, *lifჳe* etc.); das praet. später auch *lifede*, *lifode*. — Neben *secჳan* begegnen oft formen mit *æ* (*sæcჳan* etc.). Die 2. 3. sg. ind., 2. sg. imp. heissen in älterer zeit oft *sæჳst*, *sæჳð*, *sæჳe*, in jüngerer *seჳ(e)st*, *seჳ(e)ð*, *seჳe*. Das praet. und part. auch *sǽde*, *ჳesǽd* nach § 41 a. 3. — Zu *hycჳean* öfter die 2. 3. sg. *hyჳest*, *hyჳ(e)ð*, der pl. *hoჳiað* etc., das praet. auch *hoჳode* und (*for-*) *hyჳede*.

Cap. IV. Unregelmässige verba.

1. Praeteritopraesentia.

§ 104. Die flexion des praesens dieser verba ist die der starken praeterita, doch sind als ältere formen dabei zu bemerken die 2. sg. auf *-t* und der *i*-umlaut im optativ (vgl. § 88 a). Das praet. hat die flexion der schwachen praeterita. — Wir führen die verba nach den ablautsreihen auf, denen sie angehören.

I. 1) Praes. 1. 3. sg. *wát* ich weiss, 2. sg. *wást*, pl. *witon* (alt *wiotun*, *wietun*), opt. *wite*, imp. *wite*; praet. *wisse*, *wiste*, inf. *witan* (alt *wiotan*, *wietan*), part. *witen*. — [alts. *wêt*, *wêst*, *witun*, *wissa*]. A nm. 1. Ebenso das compos. *ჳewitan*. — Mit *ne* verschmilzt *wát* zu *nát*, pl. *nyton*, praet. *nysse*, *nyste*.

2) Praes. 1. 3. sg. *áჳ* (*áh*) ich habe, 2. sg. *áhst* (north. *áht*), pl. *áჳon*, opt. *áჳe*, imp. *áჳe*, praet. *áhte*, inf. *áჳan*, part. pt. *ǽჳen* und *áჳen* eigen; mit negation *náh*, *náhte* etc. — [alts. —, *êgun*, *êhta*].

II. 3) Praes. 3. sg. *déaჳ* (*déah*) es taugt; pl. *duჳon*, opt. alt. *dyჳe*, gewöhnl. *duჳe*, praet. *dohte*, inf. *duჳan*. — [alts. *dôg*, *dugun*].

III. 4) Praes. 1. 3. sg. *an(n)*, *on(n)* ich gönne (dazu. compos. *ჳeann* und *ofann*), pl. *unnon*, opt. *unne*, imp. *unne*, praet. *úðe*, inf. *unnan*, part. pt. *ჳeunnen*. — [alts. —, *onsta*].

5) Praes. 1. 3. sg. *can(n)*, *con(n)* ich weiss, kann (comp. *on-cann* klage an), 2. sg. *canst*, pl. *cunnon*, opt. *cunne*, praet. *cūðe*, inf. *cunnan*, part. pt. *oncunnen*. — [alts. *can, canst, cunnun, consta*].

6) Praes. 1. 3. sg. *þearf* ich bedarf (comp. *beþearf*), 2. sg. *þearft*, pl. *þurfon*, opt. alt *þyrfe*, gewöhnl. *þurfe*, praet. *þorfte*, inf. *þurfan*, dazu part. praes. *þearfende* adj. arm — [alts. *tharf, tharft, thurbun, thorfta*].

7) Praes. 1. 3. sg. *dear(r)* ich wage, 2. sg. *dearst*, pl. *durron*, opt. alt *dyrre*, gewöhnl. *durre*, praet. *dorste* — [alts. *gidar, -dorsta*].

IV. 8) Praes. 1. 3. sg. *sceal* ich soll (spät auch *sceall* und *scyl*), 2. sg. *scealt*, pl. *sculon*, *scrolon* (spät auch *scylon*), opt. *scyle, sciele, scile, scule, sceole*; praet. *sc(e)olde*, inf. *sculan, sceolan* — [alts. *scal, scalt, sculun, scolda*].

9) Praes. 1. 3. sg. *man*, *mon* ich gedenke (comp. ȝeman, *onman*), 2. sg. *manst, monst*, pl. *munon*, opt. alt *myne*, gewöhnl. *mune*, imp. ȝemun, *onmun* und ȝemyne, ȝemune, praet. *munde*, inf. *munan*, part. pt. ȝemunen. — [alts. *far-man, -manst, -munsta, monsta*].

Anm. 2. Später finden sich neubildungen nach art des st. praes.: 1. sg. ind. praes. ȝemune, 2. sg. ȝemunst, 3. sg. ȝemanð, pl. ȝemunað.

V. 10) Praes. 1. 3. sg. *mæȝ* ich kann, 2. sg. *meaht, miht*, pl. *maȝon*, opt. *mæȝe* (spät *maȝe, muȝe*), praet. *meahte, mihte*. — [alts. *mag, maht, mugun, mahta, mohta*].

11) Praes. 3. sg. *be-, ȝe-neah* es genügt, pl. *-nuȝon*, opt. *-nuȝe*, praet. *benohte*. — [alts. --].

VI. 12) Praes. 1. 3. sg. *mót* ich darf, 2. sg. *móst*, pl. *móton*, opt. *móte*, praet. *móste*. — [alts. *môt, môst, môtun, môsta*].

2. Reste der indogerm. verba auf -mi.

§ 105. Das verbum *sein*. Das verbum substantivum hat im ags. zwei verschiedene praesentia, das eine von der wurzel *es* mit praesentischer, das andere von der wurzel *bheu* mit futurischer bedeutung. Die bei stamm *es* fehlenden formen werden durch das st. v. *wësan* (abl. V., s. § 93 a. 1) ergänzt, welches auch das ganze praet. stellt.

			alts.
Praes. Ind. Sg. 1.	eom	béom, béo	bium, -u
2.	eart	bis, bist	bist
3.	is	bið	is, ist

		Pl.	sind, -t;	béoð	sind; sindun
			siondun, si(e)ndun		
			sindon		
	Opt. Sg.	sie, sio, séo	bóo	1. 3. sî
			si, siz, sý		sîs
		Pl.	sien, sin, sýn	béon	sîn
	Imp. Sg.	wës	béo	wis
		Pl.	wësað	béoð	wësad
		Inf.	wësan	béon	wësan
Praet. Ind. Sg. 1. 3.			wæs	—	was
	2.		wére	—	wâri
	Pl.		wéron	—	wârun
	Opt. Sg.		wére	—	1. 3. wârî 2. wâris
	Pl.		wéron	—	wârin

Anm. 1. Für den ind. praes. von *es* sind dialektische (north.) nebenformen: sg. 1. *am*, *eam*, 2. *arð*, *earð*, pl. *aron*, *earun*. Auch in der poesie kommen *eam*, *earð* und *earun*, -*on* vor. — Zu *béon* wird neben *bist*, *bið* später auch *byst*, *byð* geschrieben, der pl. ind. ist north. *blað* und *bidon* (*biodon*). — Für praet. sg. *wæs* enklitisch öfter *was*.

Anm. 2. Verschmelzung der negation *ne* mit stamm *es* und *wes*: *neom*, *nis*, *nearun*; *næs* (*nas*), *nére*, *néron*.

§ 106. Das verbum *wollen* (nebst *nicht wollen*).

athematisch /

Praesens.				alts.
Ind. Sg.	1.	wille, wile	nel(l)e, ny(lle)	williu, welliu
	2.	wilt	nelt, nylt	wili, wilis, wilt
	3.	wille, wile	nel(l)e, nyl(l)e	wili (wilit)
	Pl.	willað	nellað, nyllað	welliad, welliad
Opt. Sg.		wille, wile	nolle, nyl(l)e	wellie, willie
	Pl.	willen	nellen, nyllen	etc.
Imp. Pl.		—	nyllað	—
	Inf.	willan		wellean, willian
Praeteritum.				
Ind.		wolde (walde) *etc.*	nolde *etc.*	wülda, wolda *etc.*

Anm. 1. Abweichende dialektische (north.) nebenformen: ind. 1. sg. *willo*, -*e*, 3. sg. *wil*, pl. *wallas*, -*að*, opt. *wælle*, *welle*, praet. *walde*. — Ein part. *wellende* (alts. *welleandi*) und imp. pl. des positiven verbums *wellað* nur dialektisch belegt.

§ 107. Das verbum *tun*.

Praesens.			alts.
Indic. Sg.	1.	dó, (dóm)	dôm, duom
	2.	dést, (dæst)	dôs, duos
	3.	déð, (dáð)	dô(i)d, duod
	Pl.	dóð	dôd, duod, duad

Opt. Sg.	dó		dua, due, dòe
	Pl.	dón	dnon, duan, dôen, duoian
Imp. Sg.	dó		dò, duo
	Pl. 1.	dón	—
	2.	dóð	dòd, duot, duat
	Inf.	dón, *flect.* dónue	dòn, duon, duan, dôan
	Part.	dónde	—

Praeteritnm.

Ind. Sg. 1. 3.	dyde		dëda
	2.	dydes(t)	dëdos, dàdi
	Pl.	dydon, dædon	dëdun, dàdun
Opt. Sg.	dæde		dëdi, dàdi
	etc.		*etc.*
Part. pt.	zedón, zedén, (zedæn)		gidòn, -dôen, -duan

Anm. 1. Die eingeklammerten formen im sg. ind. praes. und part. pt. siud dialektische (north. u. Psalmen). Im übrigen haben die nördlichen dialekte für das praeseus zahlreiche nebenformen mit endungsvocalen der st. verba, z. b. pl. *dóað*, opt. sg. *dóe, dóa* etc.

Anm. 2. Die formen des praet. pl. u. opt. *dédon, déde,* sowie part. pt. *zedén* (*fordén*) kommen nur in den poet. denkmälern vor.

§ 108. Das verbum *zán* gehen (neben *zanzan* § 97ª).

1) Praesens.

Indic. Sg. 1.	zà		2.	zíés(t)	3.	zéð.	Pl. zàð
Opt. Sg.	zà		Pl.	zán			
Imp. Sg. 2.	zà		Pl.	zàð			
	Inf.	zán	Part. praes.	zánde			

2) Part. praet. *zezán.*

3) Praeteritum. Ind. *éode,* opt. *éode* (schwach flectiert).

Anm. 1. Zu dem praet. north. *éade, éode* ist north. auch ein part. pt. *zeéad* gebildet. — Vgl. got. *iddja.*

Anm. 2. Im alts. ist das (ahd. reich entwickelte) verbum *gán* nur spärlich belegt (3. sg. *géd,* inf. *gán*).

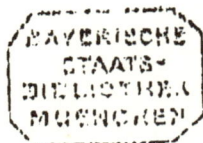

Druck von Ehrhardt Karras, Halle a. S

www.ingramcontent.com/pod-product-compliance
Lightning Source LLC
Chambersburg PA
CBHW022026080426
42733CB00007B/744